시낭송 내비게이션

시낭송 내비게이션

한우수 · 서랑화 지음

한국학술정보

책을 내며

오늘날 시를 사랑하고 시를 낭송하는 인구가 급격히 확산되면서 시낭송 문화의 저변확대가 세계적으로 빠르게 진행되고 있다.

미국 대통령 취임식에도 시낭송을 한다. 가장 비문학적인 행사에서 문학적인 시가 낭송되고 있다.

최근 우리나라에서도 각 문화단체 및 지자체 문화행사 프로그램에 시낭송이 포함되어 있다. 전국적인 시낭송대회도 많다. 재능시낭송대회, 청마 유치환 시낭송대회, 박경리 시낭송대회, 부산시단 시낭송대회, 윤동주 시낭송대회, 한용운 시낭송대회 등 매년 120여 곳 이상에서 열리고 있다.

시낭송 수요는 증가하고 있지만 전문적으로 시낭송을 가르칠 전문가가 부족하다. 현재 우리나라에서는 아직 대학 정규과정에서 시낭송학과는 없으나 대학 평생교육원과 시낭송단체 및 문화센터 등에서 시낭송 아카데미 강좌를 열고 있다.

시낭송가 자격은 두 가지 방법으로 취득할 수 있다. 하나는 전국 시낭송대회에서 수상하여 대회 주최 측으로부터 시낭송가인증서를 수여 받고, 다른 하나는 자격기본법에 규정한 절차에 따라 시낭송 지도사 자격증을 취득할 수 있다.

전국 시낭송대회에서 수상자에게 수여하는 시낭송가인증서는 정형화된 기준도 없고 대회 주최에 따라 상이하게 발급되고 있다. 일반적으로 전국 시낭송대회에서 동상 이상 수상자에게만 시낭송가인증서를 수여하여 왔다. 그러나 최근 몇몇 단체들은 장려상 수상자들을 많이 입상시켜 시낭송가인증서를 남발하고 있어 우려되고 있다.

자격기본법에 의한 시낭송지도사 자격증은 한국직업능률개발원에서 민간자격제도를 관리, 운영하고 있다. 시낭송지도사 자격증을 발급할 수 있는 기관은 교육부에 등록 요건을 승인받은 후 등록한다. 등록기관은 시낭송지도사 검증시험을 거쳐 합격자에게 자격증을 발급한다. 앞으로 학교, 도서관, 병원, 종교단체 및 문화센터 등에서 시낭송 전문가를 초빙할 때 시낭송지도사 자격증을 요구하게 될 것이다.

이 책은 이론과 실무를 모두 다루었다. 시낭송을 체계적으로 배우고자 하는 독자와 시낭송 지도자를 대상으로 집필했다. 여러분의 시낭송 학습을 안내할 내비게이션이 될 것이다.

시낭송을 통해 시의 향기가 영혼을 울리는 감동의 소리로 우리에게 전해질 때, 시는 일상적인 삶의 속박에서 인간을 해방하고 왜곡된 삶을 회복시켜 인성이 정화되는 세상이 되기를 희망한다.

2020년 6월

저자 일동

차례

제3장 시낭송 기법의 활용

제4장 시낭송 교육과 시낭송대회

제1장

시낭송의 세계

01 낭송 문학

낭송 문학은 문학작품을 문자언어와 음성언어로 동시에 구사하며, 음률적인 감정을 불어넣어 소리 내어 읽거나 외우는 가장 효율적이고 복합적인 문학 형식이다. 낭송 문학은 독자에게 감동을 주기 위한 언어예술로서 낭송을 통하여 문학이 독자에게 보다 적극적으로 다가가서 풍요로운 정신적 삶을 성숙시키는 의미 있는 문학예술 행위이다.

정보화사회로 진입하면서 문자매체적 한계가 있다. 컴퓨터와 영상매체의 발달로 사람들이 책을 잘 읽지 않는다. 문학이 문자매체적 한계를 넘어 독자에게 다가갈 수 있는 그 한 방법이 낭송과 공연예술이다.

최근 문학 경향은 시, 수필, 시낭송, 시조낭송, 시노래, 시극, 시퍼포먼스 등의 다양한 형태로 표현되고 있다. 또한 음악이나 미술 등 다른 영역의 예술과 결합하여 연출됨으로써 단순한 낭송 차원을 넘어 무대예술로의 길을 모색하는 실험적 공연 문학으로 가속화되고 있다. 따라서 종합예술의 전문성을 추구하며 독자에게 문학의 감동을 주기 위한 낭송 문학이 활성화되어야 한다.

02 시낭송의 역사

시낭송은 글자가 없던 시대부터 있었다. 글자가 없던 옛날 우리 조상들은 소리를 내어 가락과 장단에 맞춰 뜻을 전해 왔다. 구전으로 전해 오던 많은 고려가사나 판소리로 불리던 장편서사시 등이 모두 입에서 입으로 전해 오는 낭송시라 할 수 있고 향가에서 비롯해 발전해 온 시조를 봐도 알 수 있듯이 낭송은 시보다도 오히려 오랜 역사를 가졌다.

서양의 서사시 전형으로 일컬어지는 호메로스의 작품 「오디세이아」도 사실은 그의 창작이라기보다는 옛날부터 사람들의 입에서 입으로 전해 내려오는 수많은 이야기나 전설 등을 문학적 재능으로 다듬고 재창조하여 뛰어난 문학작품으로 빚어낸 것이다.

우리나라 시낭송은 광복 후 시인들이 대중 앞에서 자작시를 낭독하는 것으로부터 시작되었다. 1948년 '시낭독 연구회'에서 시낭독회를 개최했다. 6·25동란으로 시낭독 연구회는 문을 닫았다. 6·25전쟁 당시 임시 수도 부산에서 1952년 12월 우리나라 최초의 대규모 시낭독회가 부산일보와 국제신문의 후원을 받아 '현역 시인 33인 시낭독회'가 열렸다.

1967년 12월 서울 시민회관에서 한국일보사 '주간한국'이 주최하고 신시 60년 기념사업회가 협찬하여 '시인만세'라는 이름으로 대대적인 시낭송회가 열렸다. 시는 시인만 낭송할 것이 아니라 성우나 배우도 일반 시민도 낭송해야 한다는 것이 '시인만세' 낭송회의 취지였다. 여기서 우리나라 최초로 시낭송 콩쿠르가 도입되었다. '시인만세'는 우리나라 현대시 60주년, 80주년, 100주년과 같이 20

년 간격으로 차례로 기념하면서 시낭송 대중화 운동에 큰 줄기로 이어져 왔다. '시인만세' 그 전통을 이어 오는 것이 재능교육이 주최하는 전국 재능시낭송대회다.

재능시낭송대회는 매년 시·도에서 예선 대회를 개최한 뒤 연말에 본선 대회를 열고 있으며, 우리나라에서 가장 전통 있고 규모가 큰 시낭송대회로 자리 잡았다. '시인만세'가 처음 시도한 시낭송 경연대회는 재능교육의 전국 시낭송 경연대회로 발전하였고 지금은 지역의 각 단체들이 시낭송 경연대회를 개최하면서 전국적으로 널리 확산되고 있다.

최근 아날로그 시대의 산물이라고 여겨졌던 낭송이 디지털 시대를 맞아 세계적으로 바람을 타고 있다. 프랑스에서는 매년 3월 일주일 동안 '시인들의 봄'이란 전국 규모의 시낭송 행사가 열리고 방송, 극장, 카페, 서점, 광장에서는 물론 시민의 아파트에서도 시낭송회가 열린다. 미국 오바마 대통령이 백악관 이스트룸에서 시인, 작가, 배우, 가수 등 예술인들을 초청하여 백악관 사상 첫 시낭송회를 열었다. 다매체 시대에 시대적 요구에 따라 시낭송 시대가 오고 있다.

03 시낭송의 의미

시낭송은 소리 예술이다. 낭(朗) 자는 '높은 소리로 또랑또랑하게 랑'이고 송(誦)은 '외일 송'이다. '낭송'은 글자의 뜻대로만 풀이해도 '높은 소리로 또랑또랑하게 외우는 것'이다. 시낭송은 종이 위에 앉은 시를 밖으로 불러내서 시가 품고 있는 향기를 사람들의 가슴으로 실어 나르는 것이다. 즉 시 속에 담긴 의미와 시적인 감동을 청중들에게 소리로 들려주는 것이다.

문학은 예술의 중요한 일부분이고 시는 문학의 꽃이다. 시인이 가슴에 담겨 있는 감정들을 문자언어로 표현해 놓은 것이 시이고 그 문자언어를 음성언어로 바꾸는 것이 시낭송이다.

시가 인간의 감정을 높인 감동의 소리, 즉 인간의 소리이고 그 사람의 생각을 안으로 다지는 일이 시를 짓는 일이라면 시낭송은 활자화된 시에 운율을 살려 그 시가 가지고 있는 시의 향기를 다른 사람들에게 가슴으로 실어 나르는 일이라 할 수 있다.

시를 하나의 악보라고 한다면 시낭송은 가수가 악보를 통해 자신의 노래로 소화해 내는 일이다. 오늘날 우리가 상실한 현대사회의 여러 가지 정체성을 시를 통한 감동으로 정화하고 회복하는 것이 시문학의 한 목적이라면 시낭송은 그에 부응하여 감동 없는 사회에 마음의 위로가 되게 하여 풍부한 감성과 사랑을 전하는 보다 성숙한 인간성 회복을 추구하는 한 단계 더 높은 차원의 일이다.

활자를 통한 시 읽기는 읽는 이의 상상력과 독자적 이해만으로 전달되어 폭넓은 다중의 동시적 공감대를 갖지 못한다. 그러나 시낭송은 낭송가의 독창적 해석과 감정의 이입, 그리고 성량 조절에 의하여 시각이 아닌 청각 전달로 동시적 청중을 사로잡을 수 있는 것이다.

올바른 방법과 인식에 의해 낭송되는 시낭송의 예술적 감동은 시 세계의 아름다움에 눈뜨게 하며 인간의 삶 속에 진솔한 감동을 불러일으킬 수 있다.

04 시낭송의 3대 기본요소

시낭송을 잘하기 위해서는 여러 요소가 있다. 그중에서 낭송이 명료한가, 자연스러운가, 감동을 줄 수 있는가를 항상 염두에 두어야 한다. 이것이 시낭송의 3대 기본요소다.

:: 명료할 것

시낭송은 명료해야 한다. 시어 하나하나의 발음이 또렷또렷해야 한다. 눈으로 글자를 읽듯 시구가 귀에 쏙쏙 들어와야 한다. 시는 낱말과 낱말의 치밀한 조합이다. 시낭송은 한마디라도 안 들리는 말이 있어서는 안 된다. 시를 낭송하는 사람들은 대부분 자기 발성이 누구에게나 똑똑히 들리는 줄로 착각한다. 자기 귀에 잘 들린다고 해서 남의 귀에도 잘 들리는 것은 아니다.

시낭송가들은 낭송을 연습할 때 시에 감정부터 넣는다. 감정이 앞서다 보면 시의 낱말들은 잘 들리지 않게 된다. 감정이 시어를 이끌어서는 안 되고 시어가 감정을 이끌어야 한다. 감정을 애써 넣지 않더라도 시를 또록또록 낭송하기만 하면 시어는 그 자체 속에 정감이 묻어 있기 때문에 어느 정도까지는 감정이 전달된다.

또렷한 발음을 돕는 것은 큰 목청이 아니라 음색과 음질이다. 음색이 너무 탁하거나 음질이 너무 가늘면 정확하게 전달하기 어렵다. 또렷하게 들리게 하기 위해서는 첫 자의 음이 분명해야 하고 낱말의 끝마디가 숨어 버리지 않아야 한다. 낭송은 시어 하나하나를 정확하게 전달하여야 한다.

:: 자연스러울 것

시낭송은 자연스러워야 한다. 자연스러운 시낭송이란 듣기에 편안한 낭송이다. 일반적으로 시낭송이 부자연스러운 것은 감정을 조작하기 때문이다. 시를 자연스럽게 낭송한다는 것은 무표정하게 낭송하라는 것이 아니다. 감정은 살리되 감정을 무리하게 짜내는 것이 아니라 저절로 우러나오는 감정을 자연스럽게 표출시키는 것이다.

사람의 발성은 대화를 할 때 가장 편안하게 들린다. 자연스럽기 때문이다. 시낭송도 원칙적으로 보통 말하듯이 하는 어조가 가장 자연스럽다. 시낭송이라고 해서 일부러 감정부터 잡으니까 부자연스러운 것이다. 시는 대화하듯이 읽어도 내재된 음률이나 응축된 시감 때문에 저절로 시처럼 들리게 마련이다. 말하듯이 읽는 것은 소곤소곤하기만 하는 것이 아니다. 사람들이 대화하는 것을 유심히 들으면 대화 속에 어조의 기복이 있다. 고저・장단・강약 등 감정의 표현 요소가 동원된다.

헤겔은 “예술이 우리를 즐겁게 하는 것은 자연스러움이지만 그 자연스러움은 자연 그대로여서가 아니라 자연스럽게 만들어졌기 때문이다"라고 말했다. 자연스러움이란 모든 예술의 기본이다.

그러나 기교 없는 예술은 없다. 다만 기교를 부리되 기교가 보이지 않아야 한다. 고도의 기교로 이 기교를 숨겨야 한다. 연기를 하되 연기가 보이지 않아야 명연기다. 이것이 수사학의 기본이다.

시낭송은 목소리로 낭송하는 것이 아니다. 가슴 밑바닥에서부터 울려 퍼지는 영혼의 소리, 울림의 소리가 되어야 한다. 자기의 감정과 체험과 삶의 궤적이 시에 녹아들도록 해야 한다. 시낭송가는 청중을 이끌고 시 속으로 빠져들어야 한다. 청중들은 끊어질 듯 이어지는 한이 서린 낭송을 들을 수도 있고, 환희와 기쁨으로 가득 찬 희망의 낭송을 들을 수도 있을 것이고 그리움과 안타까움에 가슴 저리는 아픔을 느낄 수도 있다. 이것이 소리 음성이 갖는 음성어의 향연이다. 가슴에서 우러나오는 자연스러운 낭송으로 청중에게 뜨거운 감동을 줄 때 최상의 낭송이 된다.

:: 감동을 줄 것

시낭송의 목적은 감동이다. 시낭송은 감동을 주기 위함이고 감동을 받기 위해 듣는 것이다. 시낭송을 잘하느냐 못하느냐를 판단하는 기준은 간단하다. 한마디로 듣는 사람이 감동을 얼마나 받느냐에 달렸다. 아무리 명료하고 자연스럽게 시낭송을 해도 감동이 따르지 않으면 좋은 낭송이 되지 못한다. 남을 감동시켰다면 그것은 성공한 낭송이다. 반대로 아무리 기교로 분장했더라도 감동을 주지 못했다면 그 낭송은 실패한 것이다.

시낭송으로 남을 감동시키려면 무엇보다도 자신부터 그 시에 감동해야 한다. 스스로 아무 감동을 느끼지 못하는 낭송으로 남을 감동시킬 수는 없다. 시낭송은 감동뿐 아니라 즐거움도 주어야 한다. 시낭송에서 감동을 일으키는 것은 음조와 리듬이다.

시낭송은 자연스러우려고 하면 덜 감동적인 것이 되기 쉽고, 감동적이려고 하면 덜 자연스러운 것이 되기 쉽다. 어떻게 하면 자연스러우면서도 감동을 줄 것인가 이 조화가 시낭송의 핵심이다.

05 시낭송 방법

시낭송 방법에는 여러 가지가 있다. 혼자서 낭송하는 독송, 2인 이상이 낭송하는 합송과 윤송이 있다. 한 편의 시를 여러 사람이 함께 낭송하는 것이 합송이고, 한 편의 시를 여러 사람이 나누어 낭송하는 것이 윤송이다. 이 외에도 집시, 조시, 퍼포먼스, 시극, 시낭송 공연 등이 있다. 시낭송 공연은 시낭송의 보급과 발전을 위해 꼭 필요하다. 시의 엄숙함에서 벗어나 다채로운 해석이 가능하고 다양한 시의 모습을 통해서 시가 우리의 삶이고 정신이고 힐링의 가장 큰 모티브라는 것을 깨닫게 해 준다.

:: 독송

독송은 시낭송의 가장 기본이며 전달력이 좋다. 혼자서 낭송하기 때문에 다양한 기교를 구사할 수 있고 자기만의 개성을 돋보이게 할 수 있다.

:: 합송

한 편의 시를 여러 사람이 함께 낭송하는 것을 말한다. 한 편의 시를 돌아가면서 낭송을 하면 시의 흐름에 변화를 주고 다양한 목소리가 시의 색채를 다채롭게 만든다. 한 사람의 목소리보다 여러 사람의 색깔이 다른 목소리가 어울림으로써 교양적인 효과를 낸다. 시낭송회 행사에 독송만으로는 지루한 감을 줄 때 이런 변화로 지루한 분위기를 바꿀 수 있다. 여러 사람이 함께 하는 합송은 합창과 마찬가지로 독송보다는 음량에 볼륨감이 있어 또 다른 아름다움을 준다. 특히 화음이 잘된 합송은 시의 음악감을 한층 고양시킨다. 다만 여러 사람이 낭송할 때는 혼자 할 때의 섬세한

감정표현이나 몰입을 기대하기는 어렵다는 단점을 가지고 있다. 이때는 함께 하는 사람들의 호흡이 무엇보다 중요하며 개개인의 호흡 연습과 함께 호흡을 맞출 때 고저·장단·강약·완급 등에 대한 분명한 약속을 전제로 음보에 의한 정확한 연습과 서로의 호흡에 따라 들어가고 나가는 섬세한 타이밍을 놓치지 말아야 한다.

:: 윤송

한 편의 시를 여러 사람이 나누어 낭송하는 것을 말한다. 시가 아주 길거나 나누어 낭송하고 싶을 때, 연마다 각각 다른 음색의 색조로 채색하고 싶을 때 시도해 볼 수 있다.

남성과 여성 또는 서로 다른 목소리로 서로 역할을 분담하여 서로 다른 시를 주제가 상통하는 시들로 구성하여 낭송한다면 더 흥미롭고 색다른 감흥을 줄 수 있다.

이때 윤송자는 앞 낭송가의 톤에 휘말려 자기감정의 페이스를 잃어

버림으로써 윤송의 가치를 실효시킬 우려가 있기 때문에 많은 연습이 필요하다.

:: 집시

여러 시인의 시 중에서 주제가 같거나 분위기가 같은 시행들을 모아 한 편의 시처럼 만드는 것을 말한다. 여러 사람이 윤송하면 효과적이다. 그러나 전체적으로 통일된 시적 효과가 있고 여러 시인의 합성이 더 묘미가 있을 때 해야 한다.

:: 조시

한 시인의 여러 시 중에서 어떤 주제에 맞는 시편이나 시행을 모아 한 편의 긴 시를 만드는 것을 말한다. 한 시인의 시들이므로 시행들끼리 이질감이 덜하여 단일체이기는 하지만 한 시인의 시라 하더라도 그런 시행들을 모으기가 쉽지 않다.

:: 시 퍼포먼스

시 퍼포먼스는 시를 통해 청중들에게 퍼포먼스를 보여 주는 것이다. 퍼포먼스란 청중들에게 자신이 표현하고자 하는 관념이나 내용을 육체적 행동이나 행위를 통하여 구체적으로 보여 주는 예술행위를 말한다.

:: 시낭송 공연

공개된 장소에서 시낭송을 청중에게 연출하는 것을 말한다. 시낭송 공연은 시의 엄숙주의에서 벗어나 다양한 시의 다채로운 무대로 단조로움을 깨면서 종합적인 재미를 가져온다. 여러 형태의 낭송으로 변화 있는 무대를 꾸미면서 시낭송에 생음악을 배경음악으로 반주시키기도 하고 배경 영상을 곁들이기도 하고 무용과 함께 하기도 한다. 모든 예술의 공통분모는 시이므로 시는 모든 예술의 형태로 만들어진다. 어떤 시낭송 공연이라도 시를 먼저 완전하게 살리는 것이 주가 되어야지 시가 뒷전으로 밀리는 것이어서는 안 된다.

:: 시극

시 형태를 사용한 극을 말한다. 보통 운문으로 쓰는 것이 통례이지만 경우에 따라서는 산문이 섞여 있기도 한다. 그리스・로마의 고전극, 유럽의 고전주의・낭만주의 시대의 거의 모든 극은 시극이다. 고대 그리스 비극, 라신의 극, 셰익스피어, 근대에는 엘리엇 등이 있다. 셰익스피어가 그 최고봉이다.

최근 우리나라에서도 시극이 많이 공연되고 있다. 부산시낭송협회 '시가 흐르는 문화콘서트'에서 윤동주 시극과 이정록 시인의 삐딱구두 등을 공연하였다. 소울공연예술원 '전주찬가 시극페스티벌', 포항 기계향토문화연구회 '박목월의 시 기계장날 시극', 부천문화재단, 시흥문인협회 등 시극을 공연했다.

06 시낭송의 효과

시는 읽는 이에게 즐거움과 마음의 위안을 준다. 이를 행위예술화하는 시낭송은 이에 한 걸음 더 나아가 독자와 더욱 가까운 공간에 놓이게 된다. 그래서 듣는 이에게 단순한 의미 전달만이 아닌 진한 감동을 전하게 된다.

좋은 낭송은 낭송가와 듣는 이를 한 공간에 있게 만듦으로써 시에 대한 다양한 즐거움을 만들어 낸다. 아름다운 언어를 불러옴으로써 오히려 시의 모호성이 낭송가의 시의 이해와 감정표현에 따른 시에 대한 다양한 즐거움을 만들어 낸다.

아름다운 언어를 자랑하는 프랑스에서는 시 읽기를 기본으로 한다. 영국 어린이들은 어린 시절부터 시를 암송하고 자라기 때문에 셰익스피어 시 몇 구절 외우지 못하는 영국인들이 없다고 한다.

이는 우리나라도 예외는 아니다. 시낭송은 예부터 우리 가락 속에 있었다. 시조창이나 판소리 타령 등이 그것이다. 이처럼 시낭송은 이미 우리와 함께하며 시에 적극적으로 참여함으로써 시의 형상성을 통한 상상력을 극대화하고 음악성을 통한 감수성 훈련으로 우리 삶에 직접적인 영향력을 발휘하고 있다.

이를 위해서 누가 읽어도 공감할 수 있는 좋은 시를 고르고, 순화된 언어를 사용하며, 많은 연습을 통해 나오는 절묘한 표현의 즐거움은 낭송가와 듣는 이가 한 호흡으로 숨 쉴 수 있는 공간속에 놓이게 될 때 시낭송은 진정한 정신능력의 종합예술로서 자리매김하게 된다.

미국 신경음향학자인 Jeffrey Thompson은 바이오 튜닝기법에 의

하면 자신의 목소리를 이용해 몸과 마음을 치료할 수 있다고 한다. 사람들이 각자 가지고 있는 고유한 목소리의 주파수가 뇌와 몸을 지배하고 있으며 모든 세포들이 살아 움직이게 한다.

사람은 본능적으로 소리에 끌리게 되어 있다. 좋아하는 시를 낭송하다 보면, 자신의 목소리를 듣는 일이 점점 즐거워지게 된다. 소리 내어 표현하는 것에 두려움이 없어지면서, 사람과의 만남이 즐거워지고 아무에게나 말 붙이기도 한결 쉬워진다.

성대에서 울려 나오는 소리 파동은 자신의 귀한 몸 전체에 감지된다. 무의식에 울림을 주고, 자신의 영혼과 교감을 나눌 수 있게 한다. 인간의 마음은 자신의 목소리에 가장 민감하게 반응하며 동조하는 강력한 공명체계를 갖고 있다.

자신에게 들려주는 시낭송으로 머릿속 잡념과 부정적인 생각에서 긍정적인 생각으로 바뀐다. 청각을 통해 뇌로 전달된 내 목소리는 자율신경을 비롯한 신체의 모든 기관에 영향을 미치고 닫혀 있는 잠재의식의 문을 활짝 연다.

마음속에 쌓여 있는 고통과 슬픔을 소멸시키는 방법이며 마음을 비우는 방법이다. 가슴 깊이 품고 있던 아픔이나 분노들을 아름다운 시어로 승화시키고 미련하게 끌어안고 있던 묵은 감정들을 자유롭게 해방시키는 시낭송이야말로 가장 아름답고 건강하게 마음을 비울 수 있는 방법이다.

시낭송은 그 시가 내 속에 들어와 마음에 뿌리를 내리고 나만의 것으로 재탄생된다. 처음 글로써 접할 땐 의식의 표면에서만 머물던 막연한 이미지가 낭송을 해 보면 그리듯이 생생하게 되살아난다. 시를 눈으로만 읽을 때는 시가 머릿속으로 스며들어 하나의 관념에 머물지만, 큰 소리로 부르짖듯이 낭송을 해 보면 가슴이 벅차오르는 충만감을 느낄 수 있다.

시낭송은 마음속 어둡고 우울한 에너지들을 바깥으로 표출해 냄으로써 활기와 자신감을 되찾게 해 주고, 자신을 새롭게 발견하고 변화시킬 수 있는 계기도 만들어 준다.

목소리는 신체의 발성기관에서 나오는 물리적인 현상을 넘어서 내면의 자아와 교감할 수 있는 통로이자 병든 마음을 달래 주고 정화시킬 수 있는 가장 좋은 매개체다. 목소리는 그저 성대를 통과해서 나오는 소리가 아니라 인간의 영혼이 담겨 있는 '마음의 무늬'이다.

물질이 우선되는 오늘의 문화에서 시낭송은 작은 의미의 정서 교육뿐만 아니라 더욱 많은 사람들이 시를 낭송하며 심신의 안정과 정서 순화로 우리들 삶의 질에 진정한 변화를 가져온다.

07 시낭송의 새로운 접근

시낭송의 방법도 이제 새로워져야 한다. 어떤 형식의 시낭송대회에서든 어떤 성격의 시낭송 모임에서든 시낭송은 그 자체가 항상 신선하지 않으면 안 된다. 다양한 양식과 다채로운 구성으로 생동감이 있어야 한다. 독창적인 프로그램도 개발되어야 될 것이다. 장시나 서시 같은 것을 자꾸 발굴해 내는 것도 좋다.

시낭송가도 이제는 가수처럼 스타로 탄생할 수 있다. 인기 시낭송가가 많이 나와야 일반 시민들이 시낭송가들에 대한 인식도 달라지고 시낭송에 대한 열의도 고조될 것이다.

최근에는 SNS를 통한 시낭송도 대중매체와 더불어 확산되고 있다. 유튜브를 통한 시낭송 동영상은 우리에게 감동과 위로를 주고 있다. 감동 없는 사회에서 감동의 사회로, 용서와 화해, 성숙한 인간성, 풍부한 감성과 사랑으로 다가가자.

08 시낭송가

:: 시낭송가란

시낭송은 어떤 가수의 노래, 어떤 배우의 명연기보다 훌륭한 예술이다. 이런 자리매김은 공연예술의 한 영역으로서의 시낭송 예술가다. 시낭송가는 시를 쓴 시인의 감정을 대변하려 하지 말고 낭송하는 사람 자신이 느끼는 감정을 표현해야 한다. 예술혼으로 달궈진 시낭송만이 명시의 감동을 진하게 전달할 수 있다.

:: 시낭송가의 요건

우리나라에서 시낭송을 전문으로 하는 시낭송가라는 타이틀이 생긴 것은 1987년 세 번째 '시인만세' 때부터이다. 그 후 재능교육 주최의 전국 시낭송 경연대회가 시작되면서 이 대회 성인부 동상 이상 수상자에게는 한국시인협회가 인증하는 시낭송가증서가 수여되어 왔다.

시낭송가는 어느 정도 소질이 있어야 하고 그다음 기술 연마와 연습이다. 옛날에는 주로 아름다운 목소리를 가진 사람들이 시를 낭송했다. 그러나 고운 목소리만으로는 안 된다. 시는 일반적으로 감정을 표현하는 것이어서 느낌이 있는 목소리여야 한다. 그리고 시낭송은 청각을 위한 예술이므로 전달력이 있는 음성이라야 한다. 발성이 명확한 목소리여야 하고 성량이 충분한 목소리여야 하며 표정이 풍부한 목소리여야 한다.

성감이나 성량이 아무리 좋아도 자신 속에 시감이 없으면 시의 감정이 목소리에 묻어 나오지 않는다. 시적 감수성이나 시에 대한 감응력이 먼저다. 시적 기질이 몸에 배어 있어야 하는 것이다. 그러자면 섬세하고 민감한 언어 감각을 길러야 한다. 시낭송가 자격을 취득해도 진정한 시낭송가가 되기 위해서는 수많은 시인의 시를 저절로 외워질 때까지 되풀이 낭송하는 노력이 필요하다. 수많은 시가 몸에 녹아 있어야 한다. 그래야만 무슨 시든 시 속에서 리듬을 발견해 낼 수 있고 그 시로 멜로디를 만들어 낼 수 있다.

시는 어느 정도까지는 누구나 낭송할 수 있다. 그리고 명료하고, 자연스럽고, 감동을 주게 낭송하면 시낭송대회에서 수상은 할 수 있을 것이다. 그러나 시낭송을 전문으로 하는 시낭송가가 되려면 그것만으로는 부족하다. 목소리만 다듬는 연기자에 그쳐서는 안 된다. 시낭송의 수준을 높이려면 충분한 교양을 쌓아 지적 수준도 높여야 한다. 그래야 시에 대한 고도의 안목과 이해력이 생긴다. 그리고 시낭송가는 이론과 실기를 모두 갖춘 프로가 되어야 한다. 프로 기질이 있어야 하는 것이다. 프로 기질은 다음 세 가지로 요약될 수 있다.

① 유연할 것

여유를 가지고 즐기면서 시낭송을 해야 한다. 그리고 자신만만해야 한다.

② 자유스러울 것

틀에 매이지 않아야 한다. 어떤 격식에도 얽매여서는 안 된다. 문법을 터득하고 나면 문법을 무시할 줄도 알아야 한다.

③ 끼가 있을 것

끼 없는 연예인의 대가는 없다. 끼 있는 달인이 되어야 한다. 끼는 신명만으로는 안 되고 신들려야 한다.

:: 시낭송가의 사회적 역할

시를 쓰는 사람은 시인이지만 시의 감동을 효과적으로 전달하는 사람은 시낭송가다. 아무리 좋은 시가 있어도 누구도 읽지 않고 보지 않는다면 그 시는 생명을 가질 수 없다. 많은 사람들이 시를 읽고 공감하고 그 시에 대해 감동을 할 때 그 시는 시로서 생명을 부여받게 된다. 시낭송가는 이런 전도사 역할을 하는 것이다.

개인적으로 시를 어떻게 낭송하든 그것은 자신만의 즐거움이겠지만, 일단 청중 앞에서 낭송할 때는 특히 시낭송가라는 칭호를 가지고 낭송할 때는 프로가 되어야 한다. 시낭송가는 끊임없는 자기계발로 낭송을 갈고 닦아 시를 소중히 빛내야 한다. 일반인들에게 보다 자연스럽고 감동적인 시낭송 방법으로 위화감을 없애는 것이 바로 시낭송가의 책임이다.

우리나라에서 시낭송가가 할 수 있는 일은 많다. 우리나라는 시교육이 제대로 이루어지지 않고 있는 반면에 시의 독자는 많기 때문이다. 오랜 시적 전통을 가지고 있는 반면에 시의 문화 상품화, 관광 상품화는 제대로 이루지 못하고 있기 때문이다. 시낭송가는 우선 명시의 전도사들이 되어야 한다. 각종 행사나 교회, 사찰, 그리고 학교에서 시낭송이 이루어지도록 노력해야 한다.

시는 꿈을 꾸게 하고 꿈은 삶의 길이 되는 것이다. 시를 가슴에 간직한 사람은 꿈을 가지고 있는 사람이다. 꿈이 없는 사람은 불행하다. 언제나 새로운 꿈을 꾸기 위해 우리는 시를 사랑한다. 시낭송가는 끊임없이 이웃들과 어린이들의 마음속에 아름다움을 심어 주고, 한국의 명시를 통해 모국어를 사랑하는 기쁨과 함께 누릴 수 있도록 해주어야 한다. 이것이 바로 가정을, 사회를, 나라를 따뜻하고 아름답게 하는 일이다.

:: 시낭송가 자격증

시낭송 전문가 자격은 두 가지 방법으로 취득할 수 있다. 하나는 전국 시낭송대회에서 수상하여 대회 주최 측으로부터 시낭송가인증서를 수여 받을 수 있고, 다른 하나는 자격기본법에 규정한 절차에 따라 시낭송지도사 자격증을 취득할 수 있다.

전국 시낭송대회에서 수상자에게 수여하는 시낭송가인증서는 정형화된 기준도 없고 대회 주최에 따라 상이하게 발급되고 있다. 일반적으로 전국 시낭송대회에서 대상, 금상, 은상, 동상 수상자에게만 시낭송가인증서를 수여한다. 자격기본법에 의한 시낭송지도사 자격증은 한국직업능률개발원에 등록한 기관에서 발급한다. 시낭송지도사 자격증을 발급할 수 있는 기관은 교육부에 등록 요건을 승인받은 후 등록하게 된다. 등록기관은 시낭송지도사 검증시험을 거쳐 합격자에게 자격증을 발급한다. 한국직업능률개발원에 등록된 기관은 (사)한국국공립대학평생교육원협의회, (사)한국대학평생교육원협의회, (사)한글창작문화진흥원 등이 있다. 앞으로 학교, 도서관, 병원, 종교단체, 카페 및 문화센터 등에서 시낭송 전문가를 초빙할 때 시낭송지도사 자격증을 요구하게 될 것이다.

우리나라 자격제도는 특정 능력에 대한 사회적 평가시스템이라고 볼 수 있다. 자격기본법에 의하면, 자격이란 '일정한 기준과 절차에 따라 평가, 인정된 지식, 기술의 습득 정도로서, 직무수행에 필요한 능력'을 말한다. 대체로 자격은 지식체계, 노하우, 자질, 기술 등과 같은 하위 요소를 가지고 있다.

자격의 유형은 분류기준에 따라 여러 가지로 구분할 수 있다. 우선 자격이 발휘하는 기능을 기준으로 업무독점형 자격과 능력인정형 자격으로 구분할 수 있다. 자격의 내용을 기준으로는 전문자격과 일반자격으로, 자격제도의 관리 주최에 따라서는 국가자격, 민간자격으로 분류해 볼 수도 있다. 시낭송지도사 자격은 자격기본법에 의한 민간자격증이다.

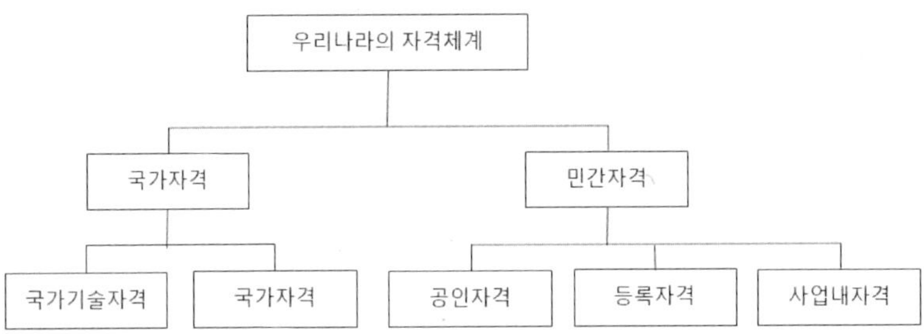

기술자격에 관한 기준과 명칭을 통일하여 작성한 자격제도를 확립하고 그 관리와 운영을 효율화함으로써 기술인력의 자질과 사회적 지위 향상 나아가 국가 경제발전에 기여함을 목적으로 제정된 국가기술자격제도는 우리나라 자격검정제도의 중심이 되고 있다.

최근 산업사회의 발전에 따른 다양한 수요에 부응하기 위하여 정부는 민간자격을 활성화하면서도 공신력을 높이기 위하여 민간자격 국가공인산업을 엄정한 관리하에 2000년부터 시행하고 있다. 자격 제도가 정착되기 위해서는 무엇보다도 산업계가 인정하는 능력을 검정하여 자격증을 부여하고, 일단 자격증을 취득한 인력에게는 그에 상응하는 대우를 해 주어야 한다.

제2장

시낭송과 표준 발음

01 표준 발음

'한글 맞춤법'이 표준어를 글로 적을 때 어떻게 표기할 것인가를 규정해 놓은 것이라면, '표준 발음법'은 표준어를 입으로 말할 때 어떻게 발음해야 하는가를 규정해 놓은 것이다. 예를 들어 '明'을 뜻하는 국어의 단어를 '밝다', '밝고', 밝으니와 같이 표기하도록 한 것은 '한글 맞춤법'에 규정되어 있는 사항이고, 이것을 '박따', '발꼬', '발그니'로 발음하도록 한 것은 '표준 발음법'에 규정되어 있는 사항이다.

흔히 동일하게 표기된 단어에 대해서 모든 사람들이 동일하게 발음할 것으로 생각하기 쉽지만 그렇지 않다. '밝다'를 [박따]로 발음하는 사람이 있는가 하면 [발따]로 발음하는 사람도 있고, '의사'를 [의사]로 발음하지 못하고 [으사]라고 발음하는 사람이 있는가 하면 [이사]라고 발음하는 사람이 있다. 이러한 현상은 대체로 방언에 따라 발음 습관이 다르기 때문에 나타나는 현상이다.

우리가 글을 쓸 때에 '한글 맞춤법'을 지켜서 글을 써야 하는 것처럼 말을 할 때에는 '표준 발음법'을 지켜서 말을 해야 한다. 지방에서 자란 사람들은 표준어를 배운 다음에도 자기 방언의 발음 습관을 버리지 못해서 표준 발음을 정확히 구사하지 못하는 경우가 많다.

특히 시낭송가는 음성을 매개로 한 전달이므로 발음이 분명하면서 표준 발음에 맞아야 효과적인 시낭송이 된다.

02 표준 발음법

우리가 사용하고 있는 한글 맞춤법과 표준어는 1988년 공포되어 1989년부터 시행하고 있는 표준어 규정에 따르고 있다. 표준어는 교양 있는 사람들이 두루 쓰는 현대 서울말을 말한다. 표준 발음법은 표준어의 실제와 발음을 따르되 국어의 전통성과 합리성을 고려하여 정함을 원칙으로 한다. 표준 발음법은 7장 30항으로 되어 있으며 각기 원칙이 정해져 있으나 예외의 경우도 많기 때문에 개별적으로 잘 익히고 암기하는 것이 필요하다.

03 자음과 모음

:: 자음

표준어의 자음은 ㄱ, ㄲ, ㄴ, ㄷ, ㄸ, ㄹ, ㅁ, ㅂ, ㅃ, ㅅ, ㅆ, ㅇ, ㅈ, ㅉ, ㅊ, ㅋ, ㅌ, ㅍ, ㅎ 19개이다. 국어의 자음들은 발음되는 위치와 방법에 따라 구분하면 다음과 같다.

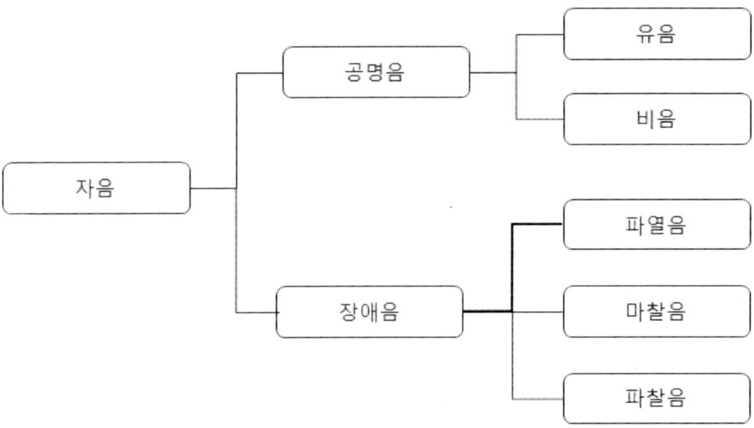

자음은 5개의 조음 위치에서 발음된다. 두 입술에서 내는 양순음, 혀끝을 치조 부위에 대거나 접근하여 내는 치조음, 혀의 앞부분을 경구개 부위에 대어 내는 경구개음, 혀의 뒷부분을 연구개 부위에 대어 내는 연구개음, 성문에서 내는 후음이 있다.

자음은 소리 나는 방식에 따라서 다양하게 분류할 수 있다. 공기를 막았다가 터뜨리는 파열음, 좁은 틈으로 공기를 마찰하여 내는 마찰음, 공기를 막았다가 마찰하여 내는 파찰음, 코로 공기를 보내어 내는 비음, 공기의 흐름을 거의 방해하지 않으며 내는 유음의 다섯 가지로 구분된다. 파열음, 마찰음, 파찰음은 다시 평음(예사소리), 경음(된소리), 격음(거센소리)의 세 부류로 구분된다.

후음인 'ㅎ'은 평음, 경음이나 격음으로 분류하지 않고 제시하였다. 평음, 경음, 격음으로 구분하는 것은 파열음처럼 3항 대립이 있을 때 의미가 있는데, 후음은 'ㅎ' 하나로 대립하는 다른 자음이 없다. 따라서 비음이나 유음과 마찬가지로 구분하지 않고 제시하였다.

구분			양순음	치조음	경구개음	연구개음	후음
장애음	파열음	평음	ㅂ	ㄷ		ㄱ	
		경음	ㅃ	ㄸ		ㄲ	
		격음	ㅍ	ㅌ		ㅋ	
	마찰음	평음		ㅅ			
		경음		ㅆ			ㅎ
		격음					
	파찰음	평음			ㅈ		
		경음			ㅉ		
		격음			ㅊ		
공명음	비음		ㅁ	ㄴ		ㅇ	
	유음			ㄹ			

이러한 자음의 분류를 표로 이해하면 한국어의 다양한 자음 변동 현상을 쉽게 분류할 수 있다. 예를 들어 '앞[압], 부엌[부억], 밭[받], 밖[박]'의 경우는 위 표의 격음(유기음) 'ㅍ, ㅋ, ㅌ'이 각각 'ㅂ, ㄱ, ㄷ'으로 변하였고, 경음 'ㄲ'이 'ㄱ'으로 변하였으므로 '평음화'를 겪는다고 할 수 있다.

다음으로 '잡-고' → [잡꼬], '묻-다' → [묻따], '집-보다' → [집

뽀다], '할-수' → [할쑤], '잡-지'→ [잡찌]에 보이는 음운 현상은 평음 'ㄱ, ㄷ, ㅂ, ㅅ, ㅈ'이 각각 경음 'ㄲ, ㄸ, ㅃ, ㅆ, ㅉ'으로 변경하였으므로 '경음화'라고 할 수 있을 것이다. 그리고 '밥-만' → [밤만], '묻-는' → [문는], '먹-는' → [멍는]은 비음이 아니었던 자음들이 비음화가 되었으므로 '비음화'라고 하고, '밭-이' → [바치]와 같은 변화는 '구개음화'라고 한다.

:: 모음

표준어의 모음은 21개가 있다. 단모음은 발음할 때 입의 모양이나 혀의 위치가 일정하게 유지되는 모음이다. 반면, 이중 모음은 발음할 때 입의 모양이나 혀의 위치가 바뀌는 모음이다.

단모음(10개)	ㅏ, ㅐ, ㅓ, ㅔ, ㅗ, ㅚ, ㅜ, ㅟ, ㅡ, ㅣ
이중 모음(11개)	ㅑ, ㅒ, ㅕ, ㅖ, ㅘ, ㅙ, ㅛ, ㅝ, ㅞ, ㅠ, ㅢ

:: 단모음의 발음

단모음은 소리를 내는 도중 입술, 혀가 고정되어 처음과 끝이 같은 소리가 나는 모음이다. ㅏ, ㅐ, ㅓ, ㅔ, ㅗ, ㅚ, ㅜ, ㅟ, ㅡ, ㅣ는 단모음으로 발음한다. 'ㅚ, ㅟ'는 이중 모음으로 발음할 수 있다. 국어의 단모음을 발음상의 특징에 따라 분류하면 다음과 같다.

구 분	전설 모음		후설 모음	
	평순 모음	원순 모음	평순 모음	원순 모음
고모음	ㅣ	ㅟ	ㅡ	ㅜ
중모음	ㅔ	ㅚ	ㅓ	ㅗ
저모음	ㅐ		ㅏ	

단모음의 분류는 크게 혀의 위치, 입술 모양에 따라 이루어진다. 이 중 혀의 위치는 다시 전후 위치와 높이로 구별되기 때문에 실제로는 세 가지 기준에 따라 분류된다. 혀의 전후 위치에 따라 전설 모음과 후설 모음, 혀의 높이에 따라 고모음·중모음·저모음, 입술 모양에 따라 원순 모음과 평순 모음으로 구분된다.

:: 단모음 발음 유의 사항

국어 표준 발음으로 10개의 단모음을 인정하고 있다. 그런데 장모음과는 달리 단모음은 지역에 따라 상당히 차이가 있다. 단모음의 발음 중에서 잘 구별되지 않는 모음은 'ㅔ'와 'ㅐ', 'ㅓ'와 'ㅡ'이다.

'ㅔ'와 'ㅐ'의 발음

'ㅔ'와 'ㅐ'를 구별하지 못하는 현상은 전라도 일부와 경상도 지역에서 광범위하게 나타나는 현상이다. 최근 서울 지역의 젊은 세대들에서도 나타나고 있다. 'ㅔ'와 'ㅐ'의 발음을 정확히 익히자.

① ㅐ 발음

- 혀끝이 아랫니의 안쪽에 붙어서 나는 소리로, 소리가 짧아도 그 음가가 분명히 나타난다.
- 입을 위아래로 한 번에 벌려서 입의 입구에서 소리를 내보내는 느낌으로 소리 낸다.
- ‘ㅔ’ 소리보다 입을 많이 벌린다.

② ㅔ 발음

- 혀끝이 입천장 가까운 입안의 중간에서 나는 소리로, 짧은 소리로는 음가가 쉽게 나타나지 않고 음장이 좀 길 때 그 음가가 분명해지는 경향이 있다.
- 입을 옆으로 조금 벌려서 목에서 소리를 끌어낸다는 느낌으로 소리 낸다.

③ ‘ㅐ’와 ‘ㅔ’ 발음 연습

- 대체로 맑음
- 대통령 중심제와 내각제
- 재미동포 체조 선수단
- 제5회 재일교포 예술인 초청 전시회
- 앤 공주와 에드워드 왕자
- 매사추세츠주 공과대학
- 매미, 개미, 애벌레
- 테니스, 베이스, 제록스, 제트기
- 체중조절에 실패한 국가대표 선수 교체
- 케이 비 에스(KBS), 엠 비 시(MBC)

‘ㅓ’와 ‘ㅡ’의 발음

‘ㅓ’와 ‘ㅡ’를 구별하지 못하는 현상은 충청도를 포함한 중부 방언의 영향이다. 단어의 제1음절에 오는 ‘ㅓ’가 장모음일 때 그것을 ‘ㅡ’로 발음하는 현상이 있다. ‘어른’을 [으:른], ‘거짓말’을 [그:진말], ‘거지’를 [그:지]라고 발음하고 있다. 그러나 ‘ㅓ’가 제1음절에 오더라도 그것이 짧은 모음이면 이러한 현상은 나타나지 않는다. ‘거미’를 [그미]라고 한다든지, ‘거울’을 [그울]이라고 하는 경우는 없다. 이것은 혀가 짧거나 심한 억양의 문제에서 나오는 것이 아니라, 모음의 입 모양을 명확하게 하지 않음에서 나오는 문제다. ‘ㅓ’와 ‘ㅡ’의 발음을 정확하게 익히자.

① ㅓ 발음

모음 ㅓ는 중설 중모음으로 혀가 구강 내 한가운데 위치할 때 소리가 난다. ‘ㅓ’ 발음을 할 때에 입의 크기는 새끼손가락 두 개만큼이며, 입술과 혀는 힘을 주지 말고 편안하게 둔다. ‘어’ 하면서 발음할 때는 ‘으’ 발음보다는 상대적으로 입을 더 벌려야 한다. 따라서 혀의 위치는 자연스럽게 좀 전보다 내려가게 된다.

② ㅡ 발음

모음 ㅡ는 중설 고모음으로 ㅓ보다는 위에서 발음된다. ‘ㅡ’ 발음을 할 때는 입은 조금만 벌리고 입술과 혀는 힘을 주지 말고 편안하게 둔다. ‘으’ 하면서 발음할 때는 혀를 입천장 가까이 가져가고, 자연히 입은 다물어진다. 윗니와 아랫니는 입이 다물어지면서 자연히 맞닿는다.

③ ‘ㅓ’와 ‘ㅡ’ 발음 연습

- 걸, 글
- 넉, 늑
- 던, 든
- 거리, 그리
- 거물, 그물
- 저음, 즈음
- 썰고, 쓸고
- 저 개는 우리 집 개야

:: 이중 모음의 발음

이중 모음은 소리를 내는 도중 입술 모양, 혀의 위치가 처음과 나중이 달라지면서 소리도 달라지는 모음이다. 국어는 총 11개의 이중 모음이 있다. ‘ㅑ ㅒ ㅕ ㅖ ㅘ ㅙ ㅛ ㅝ ㅞ ㅠ ㅢ’는 이중 모음으로 발음한다. 이중 모음 구성요소 중 하나인 반모음의 종류 및 위치에 따라 다음과 같이 분류할 수 있다.

반모음 ‘ㅣ[j]’로 시작하는 이중 모음	ㅑ, ㅒ, ㅕ, ㅖ, ㅛ, ㅠ
반모음 ‘ㅣ[j]’로 끝나는 이중 모음	ㅢ
반모음 ‘ㅗ/ㅜ[w]’로 시작하는 이중 모음	ㅘ, ㅙ, ㅝ, ㅞ

‘ㅑ, ㅒ, ㅕ, ㅖ, ㅛ, ㅠ’는 각각 반모음 ‘ㅣ[j]’와 단모음 ㅏ, ㅐ, ㅓ, ㅔ, ㅗ, ㅜ의 결합으로 이루어진다. ‘ㅢ’는 단모음 ‘ㅡ’와 반모음 ‘ㅣ[j]’의 결합으로 이루어진다. ‘ㅘ, ㅙ, ㅝ, ㅞ’는 각각 반모음 ‘ㅗ/ㅜ[w]’와 단모음 ‘ㅏ, ㅐ, ㅓ, ㅔ’의 결합으로 이루어진다. 이중 모음은 경우에 따라서는 이중 모음이 아닌 단모음으로 발음되는 경우도 있다. 이를 단서 조항에서 ‘다만 1～다만 4’까지 별도로 제시하고 있다.

[다만 1]

‘다만 1’은 ‘ㅕ’의 발음과 관련된 조항이다. 용언의 활용형에 나타나는 ‘져, 쪄, 쳐’는 [저, 쩌, 처]로 발음한다. ‘ㅈ, ㅉ, ㅊ’ 뒤에 오는 ‘ㅕ’는 이중 모음으로 발음하지 않고 단모음 ‘ㅓ’로 발음한다.

가지어 → 가져[가저] 찌어 → 쪄[쩌] 다치어 → 다쳐[다처]

[다만 2]

‘다만 2’는 ‘ㅖ’의 발음과 관련된 조항이다. ‘예, 례’ 이외의 ‘ㅖ’는 [ㅔ]로도 발음한다. 이중 모음 ‘ㅖ’는 표기대로 발음하는 것이 원칙이지만 ‘예, 례’를 제외한 나머지 환경에서는 이중 모음 대신 단모음 [ㅔ]로 발음하는 것도 허용되었다.

계집[계: 집/게: 집]	계시다[계: 시다/게: 시다]	시계[시계/시게]
연계[연계/연게]	메별[메별/메별]	개폐[개폐/개페]
혜택[혜: 택/헤: 택]	지혜[지혜/지헤]	

[다만 3]

'다만 3'과 '다만 4'는 'ㅢ'의 발음과 관련된 조항이다. '다만 3'은 자음을 첫소리로 가지고 있는 음절의 'ㅢ'는 [ㅣ]로 발음한다. '늬, 틔, 희' 등과 같이 'ㅇ'을 제외한 초성자 뒤에 'ㅢ'를 [ㅣ]로 발음해야 한다. '무늬, 틔다, 희망'과 같은 단어는 각각 [무니], [티다], [히망]과 같이 발음한다.

늴리리	닁큼	무늬	띄어쓰기	씌어
틔어	희어	희떱다	희망	유희

[다만 4]

'다만 4'는 '다만 3'에서 다루지 않은 환경에서 'ㅢ'가 다른 단모음으로 발음되는 경우를 규정하고 있다. 단어의 첫음절 이외의 '의'는 [ㅣ]로, 조사 '의'는 [ㅔ]로 발음함도 허용한다.

주의[주의/주이]	협의[혀븨/혀비]
우리의[우리의/우리에]	강의의[강: 의의/강: 이에]

☞ '의' 발음

시낭송을 할 때 시어에 '의' 자를 '의'로 발음하느냐 '에'로 발음하느냐에 대한 의견이 많다. 무조건 '에'로 발음해야 하는 것은 아니다. 표준 발음법에서는 조사의 의는 '의'로 발음하는 것을 원칙으로 한다고 명시하고 있다. '에'로 발음하는 것을 허용한다는 것이다. 따라서 '의'나 '에'를 시어 흐름에 따라 선택적으로 사용하면 된다.

:: 이중 모음 발음 유의 사항

이중 모음의 발음에서 문제가 되는 것은 'ㅖ, ㅢ, ㅙ, ㅞ'이다.

'ㅖ와 ㅢ'의 발음

'ㅖ'는 '예', '례'의 경우에는 제 음가대로(이중 모음으로)만 발음해야 하고, 그 밖의 경우에는(계, 폐, 혜 등) 제 음가대로 발음하는 것을 원칙으로 하되 [ㅔ]로 발음하는 것도 허용된다고 규정되어 있다.

따라서 '계산', '폐품'의 '계', '폐'는 [계], [폐]로 발음해도 되고, [게], [페]로 발음해도 되지만 '차례', '사례'의 '례'는 [례]로 발음해야 한다. 그런데 최근에는 '례'조차도 [레]로 발음하는 경우가 농후하다.

'ㅢ'는 자음을 첫소리를 가지고 있는 음절에서는 [ㅣ]로 발음한다. '희망', '띄어쓰기', '무늬'는 각각 [히망], [띠어쓰기], [무니]로 발음하는 것이 표준 발음이다. 그러나 자음을 첫소리로 가지고 있지 않은 경우에는('의'로 적히는 경우) 이중 모음 [ㅢ]로 발음하는 것을 원칙으로 하되, 단어의 첫 음절 이외의 위치에 올 때는 [ㅣ]로 발음하는 것을 허용하며, 조사 '의'는 [ㅔ]로 발음하는 것도 허용된다. 따라서 '주의, 협의, 우리의'는 제 음가대로 발음해도 되고, [주이], [혀비], [우리에]로 발음해도 된다. 그러나 단어의 첫 음절에 오는 '의'는 [ㅢ]로만 발음해야 한다. 그러므로 '의사'를 [으사]라고 발음한다든가, [이사]라고 발음하는 것은 '표준 발음법'에 어긋나는 것이다. 전라도 사람들은 흔히 '의'를 [으]로 발음하는 경향이 있고, 경상도 사람들은 '의'를 [이]로 발음하는 경향이 있다.

'괘와 궤'의 발음

① '괘와 궤'를 혼동하는 경우이다. '웬 일이냐'를 '왠 일이냐'라고 한다든지 '왠지 모르게'를 '웬지 모르게'라고 하는 예들이 여기에 해당한다. 이것은 'ㅐ'와 'ㅔ'를 혼동하는 데서 오는 현상이다. '괘와 궤'는 반모음을 제외하면 'ㅐ'와 'ㅔ'의 차이로 귀착되므로 'ㅐ'와 'ㅔ'의 발음을 잘 구별하지 못하는 사람은 '괘와 궤'의 발음도 잘 구별하지 못하게 된다.

② '괘'를 [궤]로 발음하는 경우이다. '됐다'를 [뒘따]로 발음한다든지 '돼지'를 [뒈지]로 발음하는 경우이다.

③ '괘, 궤'가 가지고 있는 반모음을 탈락시키고 [ㅐ, ㅔ]로 발음하는 경우이다. '괜찮다'를 [갠찬타]로 발음한다든가, '궤도'를 [게도]로 발음하는 예들이 이에 해당한다. '뒤에'를 [디에]라고 발음하는 경우나 '최고'를 [체고]라고 발음하는 경우도 같은 부류에 속하는 잘못된 발음들이다.

04 음의 길이

모음의 길이가 뜻 구별에 관하여는 언어를 음장이라 하는데 우리나라 표준어가 이에 속한다. 낱말마다 장단음의 소릿값을 가지고 있으며 상황에 따라 바뀌기도 한다.

모음의 장단에는 크게 세 부분으로 나눌 수 있다. ① 장단을 구별해서 발음해야 한다. ② 장단의 변동 현상이 있다. ③ 장모음의 실현 위치에서 제약이 있다.

:: 모음의 장단의 구분

모음의 장단을 구별하여 발음하되, 단어의 첫음절에서만 긴소리가 나타나는 것을 원칙으로 한다.

(1)	눈보라[눈: 보라]	말씨[말: 씨]	밤나무[밤: 나무]
	많다[만: 타]	멀리[멀: 리]	벌리다[벌: 리다]
(2)	첫눈[천눈]	참말[참말]	쌍동밤[쌍동밤]
	많이[마니]	눈멀다[눈멀다]	떠벌리다[떠벌리다]

장단을 구별해서 발음해야 하는 이유는 장단에 따라 그 뜻이 다르기 때문이다. '눈[眼]'과 '눈[雪]', '말[馬]'과 '말[言]'은 같은 단어이지만 뜻이 다르다.

장모음이 실현되는 위치에 제약이 있어서 원칙상 단어의 첫음절에서만 장음으로 발음하고, 둘째 음절 이하의 위치에 놓이면 그 길이가 짧아진다. 다만, 합성어의 경우에는 둘째 음절 이하에서도 분명한 긴소리를 인정한다.

반신반의[반: 신 바: 늬/반: 신 바: 니]　　재삼재사[재: 삼 재: 사]

반신반의, 재삼재사, 선남선녀 등과 같이 비슷한 요소가 반복되는 구조의 한자에서는 첫음절이 아니라도 장모음이 된다. 그러나 '반반[반:반], 간간[간:간], 영영[영:영], 시시비비[시:시비비] 등과 같이 동일한 한자가 연이어서 반복되는 경우에는 둘째 음절 이하에서도 장모음을 허용하지 않는다.

:: 장단의 변동

국어에는 장모음이 단모음으로 바뀌거나 단모음이 장모음으로 바뀌는 것과 같은 장단의 변동 현상이 있다.

용언의 단음절 어간에 어미 '-아/-어'가 결합되어 한 음절로 축약되는 경우에도 긴소리로 발음한다.

보아 → 봐[봐:]　기어 → 겨[겨:]　되어 → 돼[돼:]
두어 → 둬[둬:]　하여 → 해[해:]
다만, '오아 → 와, 지어 → 져, 찌어 → 쪄, 치어 → 쳐' 등은 긴소리로 발음하지 않는다.

:: 장모음의 변동

긴소리를 가진 음절이라도, 다음과 같은 경우에는 짧게 발음한다.

용언 어간의 길이가 짧아지는 현상은 크게 두 가지로 구분할 수 있다.

단음절인 용언 어간에 모음으로 시작된 어미가 결합되는 경우

감다[감: 따] — 감으니[가므니]	밟다[밥: 따] — 밟으면[발브면]
신다[신: 따] — 신어[시너]	알다[알: 다] — 알아[아라]

다만, 다음과 같은 경우에는 예외적이다.

끌다[끌: 다] — 끌어[끄: 러]	떫다[떨: 따] — 떫은[떨: 븐]
벌다[벌: 다] — 벌어[버: 러]	썰다[썰: 다] — 썰어[써: 러]
없다[업: 따] — 없으니[업: 쓰니]	

용언 어간에 피동, 사동의 접미사가 결합되는 경우

감다[감: 따] — 감기다[감기다]	꼬다[꼬: 다] — 꼬이다[꼬이다]
밟다[밥: 따] — 밟히다[발피다]	

☞ 피동사(피동) : 주체가 다른 힘이 행하는 동작에 당하는 것 (먹히다, 잡히다)

☞ 사동사(사동) : 주체가 남에게 어떤 동작을 하도록 하는 것 (먹이다, 앉히다)

다만, 다음과 같은 경우에는 예외적이다.

끌리다[끌: 리다]	벌리다[벌: 리다]	없애다[업: 쌔다]

다음과 같은 복합어에서는 본디의 길이에 관계없이 짧게 발음한다.

밀-물　　썰-물　　쏜-살-같이　　작은-아버지

원래의 활용형은 길이가 길지만 이것이 합성어의 첫 요소로 쓰였을 때에는 길이가 짧게 발음되는 단어들이다. '밀물, 쏜살같이, 작은아버지'의 '밀, 쏜, 작은'이 모두 그러하다. 이 단어 '문을 밀 경우, 쏜 화살, 작은 손수건' 등과 같이 활용형으로 쓰일 때에는 '밀[밀:], 쏜[쏜:], 작은[자:근]'과 같이 장모음이 나타남에 비해 합성어의 첫 요소로 쓰일 때에는 짧은 모음이 나타난다. 이러한 예외적인 현상은 일부 활용형에서만 나타날 뿐, 모든 용언의 활용형이 합성어의 첫 요소로 쓰일 때 그 길이가 짧아지는 것은 아니다.

:: 숫자의 장단음

0~9까지 수의 발음

- 2, 4, 5 : 장음
- 0, 1, 3, 6, 7, 8, 9 : 단음

2:백만 원, 3백만 원, 이:천 년, 3천 년
192:0년대, 1930년대, 195:0년대, 1980년대, 2:02:0년대
1월, 2:월, 3월, 4:월, 5:월, 6월, 7월, 8월, 9월, 10월
이:십사: 년, 삼십칠 년, 사:십구 년, 오:십삼 년, 육십일 년
십 대, 이:십 대, 삼십 대, 사:십 대, 오:십 대, 육십 대, 칠십 대
이:천 년, 삼천 년, 오:천 년, 육천 년, 팔천 년, 구천 년

하나~열까지 수에서

- 둘, 셋, 넷, 열 : 장음
- 하나, 다섯, 여섯, 일곱, 여덟, 아홉 : 단음

단, 열하나(11)부터는 열은 짧다.

열: 개의 손가락, 두: 팔을 벌린다, 열두: 시가 되었다, 하나같이, 일곱 무지개

십, 백, 천, 만, 억, 조, 경에서

- 만 : 장음
- 십, 백, 천, 억, 조, 경 : 단음

십 리 길, 백 리 길, 천 리 길, 만: 리 길

05 받침의 발음

:: 7종성 발음

받침소리로는 'ㄱ, ㄴ, ㄷ, ㄹ, ㅁ, ㅂ, ㅇ'의 7개 자음만 발음한다. 국어의 음절 종성에서 실제로 발음될 수 있는 자음이 7개로 제한되어 있다. 종성 자리에 둘 이상의 자음이 실현될 수 없다.

여기에 속하지 않는 자음이 종성에 놓일 때는 이 7개 자음 중 하나로 바뀐다. 즉 음운 변동이 일어난다. 예를 들어 'ㅋ, ㅌ, ㅍ'과 같은 홑받침이나 'ㄲ, ㅆ'과 같은 쌍받침은 각각 'ㄱ, ㄷ, ㅂ', 'ㄱ, ㄷ'으로 바뀐다. 또 겹받침의 경우에는 기본적으로 겹받침 중 하나가 탈락하게 되며, 탈락 후 남은 자음도 7개 자음에 속하지 않으면 그중 하나로 바뀌게 된다.

☞ 음운변동
- 대치 : 어느 한 소리가 다른 소리로 바뀌는 것
- 탈락 : 원래 있던 소리가 사라지는 것
- 첨가 : 없던 소리가 끼어드는 것
- 축약 : 둘 이상의 소리가 합쳐져 하나의 소리가 되는 것
- 도치 : 두 소리의 순서가 바뀌는 것

:: 홑받침과 쌍받침의 발음

받침 'ㄲ, ㅋ', 'ㅅ, ㅆ, ㅈ, ㅊ, ㅌ', 'ㅍ'은 어말 또는 자음 앞에서 각각 대표음 [ㄱ, ㄷ, ㅂ]으로 발음한다.

닦다[닥따]	키읔[키윽]	키읔과[키윽꽈]	옷[옫]
웃다[욷: 따]	있다[읻따]	젖[젇]	빚다[빋따]
꽃[꼳]	쫓다[쫃따]	솥[솓]	뱉다[밷: 따]
앞[압]	덮다[덥따]		

자음이 단어의 끝에 오거나 다른 자음 앞에 오면 음절 종성에 놓이게 된다. 종성에서는 7개 자음만 발음할 수 있기 때문에 위에 제시된 자음들은 [ㄱ, ㄷ, ㅂ] 중 하나로 발음이 바뀌어야 한다. 이때 'ㄲ, ㅋ'은 [ㄱ]으로, 'ㅅ, ㅆ, ㅈ, ㅊ, ㅌ'은 [ㄷ]으로, 'ㅍ'은 [ㅂ]으로 바뀐다. 그래서 '낫, 낮, 낯, 낱'과 같은 단어들은 받침이 다르게 쓰였더라도 어말이나 자음 앞에서는 모두 동일하게 [낟]으로 발음되는 것이다.

이처럼 음절 종성에서 발음이 [ㄱ, ㄷ, ㅂ] 중 하나로 바뀌는 자음들은 모두 장애음이라는 공통점을 지니고 있다. 장애음에 대립되는 공명음은 종성에 놓여도 제 음가대로 발음된다. 즉 'ㄴ, ㄹ, ㅁ, ㅇ'은 종성에서도 온전하게 실현될 수 있는 것이다. 따라서 국어 음절 종성에서 발음될 수 있는 7개 자음은 장애음 3개(ㄱ, ㄷ, ㅂ)와 공명음 4개(ㄴ, ㄹ, ㅁ, ㅇ)이다.

:: 겹받침

뒤 자음 탈락

겹받침 ‘ㄳ’, ‘ㄵ’, ‘ㄼ, ㄽ, ㄾ’, ‘ㅄ’은 어말 또는 자음 앞에서 각각 [ㄱ, ㄴ, ㄹ, ㅂ]으로 발음한다.

넋[넉]	넋과[넉꽈]	앉다[안따]	여덟[여덜]
넓다[널따]	외곬[외골]	핥다[할따]	값[갑]
없다[업: 따]			

겹받침이 단어의 끝에 오거나 다른 자음 앞에 오면 홑받침이나 쌍받침과는 달리 겹받침을 이루는 두 자음 중 하나가 탈락하게 된다. 겹받침을 이루는 두 개의 자음 중 앞선 자음이 탈락하는 경우도 있고 뒤에 오는 자음이 탈락하는 경우도 있다. ‘ㄳ’은 [ㄱ], ‘ㄵ’은 [ㄴ], ‘ㄼ, ㄽ, ㄾ’은 [ㄹ], ‘ㅄ’은 [ㅂ]으로 발음하게 되고 뒤의 자음이 탈락한다.

다만, ‘밟-’은 자음 앞에서 [밥]으로 발음하고, ‘넓-’은 다음과 같은 경우에 [넙]으로 발음한다.

(1) 밟다[밥: 따]	밟소[밥: 쏘]	밟지[밥: 찌]
밟는[밥: 는→밤: 는]	밟게[밥: 께]	밟고[밥: 꼬]
(2) 넓-죽하다[넙쭈카다]	넓-둥글다[넙뚱글다]	

‘ㄼ’은 원칙적으로는 ‘ㅂ’을 탈락시켜 [ㄹ]로 발음해야 한다. 하지만 ‘밟-’ 뒤에 자음으로 시작하는 어미가 붙을 때는 [ㅂ]으로 발음되고, ‘넓-’이 포함된 복합어 중 ‘넓죽하다’와 ‘넓둥글다’ 등에서는 ‘ㄹ’을 탈락시켜 [ㅂ]으로 발음한다.

앞 자음 탈락

겹받침 ‘ㄺ, ㄻ, ㄿ’은 어말 또는 자음 앞에서 각각 [ㄱ, ㅁ, ㅂ]으로 발음한다.

닭[닥]	흙과[흑꽈]	맑다[막따]	늙지[늑찌]
삶[삼:]	젊다[점:따]	읊고[읍꼬]	읊다[읍따]

겹받침을 이루는 두 개의 자음 중 앞선 자음이 탈락한다. ‘ㄺ, ㄻ’은 각각 [ㄱ]과 [ㅁ]으로 발음되며, ‘ㄿ’에서는 ‘ㅍ’이 남게 되는데 어말 또는 자음 앞에서 각각 [ㄱ, ㅁ, ㅂ]으로 발음된다.

다만, 용언의 어간 말음 ‘ㄺ’은 ‘ㄱ’ 앞에서 [ㄹ]로 발음한다.

맑게[말께]	묽고[물꼬]	얽거나[얼꺼나]

:: 받침 'ㅎ'의 발음

받침으로 쓰인 'ㅎ'은 뒤에 어떠한 말이 오든 원래 음가대로 발음되지 못하고 변동을 겪게 된다. 받침 'ㅎ' 뒤에 자음이 오는 경우와 모음이 오는 경우의 두 가지로 나눌 수 있다. ①~③은 받침 'ㅎ' 뒤에 자음이 오는 경우이고 ④는 모음이 오는 경우이다.

① 'ㅎ(ㄶ, ㅀ)' 뒤에 'ㄱ, ㄷ, ㅈ'이 결합되는 경우에는, 뒤 음절 첫소리와 합쳐서 [ㅋ, ㅌ, ㅊ]으로 발음한다.

놓고[노코]	좋던[조: 턴]	쌓지[싸치]
많고[만: 코]	않던[안턴]	닳지[달치]

받침 'ㄱ(ㄺ), ㄷ, ㅂ(ㄼ), ㅈ(ㄵ)'이 뒤 음절 첫소리 'ㅎ'과 결합되는 경우에도 역시 두 음을 합쳐서 [ㅋ, ㅌ, ㅍ, ㅊ]으로 발음한다.

각하[가카]	먹히다[머키다]	밝히다[발키다]	맏형[마텽]
좁히다[조피다]	넓히다[널피다]	꽂히다[꼬치다]	앉히다[안치다]

규정에 따라 'ㄷ'으로 발음되는 'ㅅ, ㅈ, ㅊ, ㅌ'의 경우에도 이에 준한다.

옷 한 벌[오탄벌]	낮 한때[나탄때]
꽃 한 송이[꼬탄송이]	숱하다[수타다]

② ‘ㅎ(ㄶ, ㅀ)’ 뒤에 ‘ㅅ’이 결합되는 경우에는, ‘ㅅ’을 [ㅆ]으로 발음한다.

닿소[다쏘] 많소[만: 쏘] 싫소[실쏘]

③ ‘ㅎ’ 뒤에 ‘ㄴ’이 결합되는 경우에는, [ㄴ]으로 발음한다.

놓는[논는] 쌓네[싼네]

‘ㄶ, ㅀ’ 뒤에 ‘ㄴ’이 결합되는 경우에는, ‘ㅎ’을 발음하지 않는다.

않네[안네] 않는[안는] 뚫네[뚤네→뚤레] 뚫는[뚤는→뚤른]

※ ‘뚫네[뚤네→뚤레], 뚫는[뚤는→뚤른]’의 변화는 ‘ㄴ’은 ‘ㄹ’의 앞이나 뒤에서 [ㄹ]로 발음한다.

④ ‘ㅎ(ㄶ, ㅀ)’ 뒤에 모음으로 시작된 어미나 접미사가 결합되는 경우에는, ‘ㅎ’을 발음하지 않는다.

낳은[나은] 놓아[노아] 쌓이다[싸이다] 많아[마: 나]
않은[아는] 닳아[다라] 싫어도[시러도]

:: 연음

연음

홑받침이나 쌍받침이 모음으로 시작된 조사나 어미, 접미사와 결합되는 경우에는, 제 음가대로 뒤 음절 첫소리로 옮겨 발음한다.

깎아[까까]	옷이[오시]	있어[이써]	낮이[나지]
꽂아[꼬자]	꽃을[꼬츨]	쫓아[쪼차]	밭에[바테]
앞으로[아프로]	덮이다[더피다]		

겹받침이 모음으로 시작된 조사나 어미, 접미사와 결합되는 경우에는, 뒤엣것만을 뒤 음절 첫소리로 옮겨 발음한다.(이 경우, 'ㅅ'은 된소리로 발음함)

넋이[넉씨]	앉아[안자]	닭을[달글]	젊어[절머]
곬이[골씨]	핥아[할타]	읊어[을퍼]	값을[갑쓸]
없어[업: 써]			

절음

받침 뒤에 모음 'ㅏ, ㅓ, ㅗ, ㅜ, ㅟ' 들로 시작되는 실질 형태소가 연결되는 경우에는 대표음으로 바꾸어서 뒤 음절 첫소리로 옮겨 발음한다. 다만, '맛있다, 멋있다'는 [마싣따], [머싣따]로도 발음할 수 있다.

밭 아래[바다래]	늪 앞[느밥]	젖어미[저더미]
맛없다[마덥따]	겉옷[거돋]	헛웃음[허두슴]
꽃 위[꼬뒤]		

☞ 형태소란?

'형태소'는 뜻을 가지고 있는 가장 작은 단위를 말한다. 국어에서 'ㅂ'이나 'ㅣ' 등은 뜻을 가지고 있지 않기 때문에 형태소가 될 수 없지만 '비'가 되면 뜻을 이루는 최소 단위인 형태소가 된다. '책가방'은 '책'과 '가방'이라는 두 가지 의미로 쪼개지기 때문에 형태소는 '책가방'이 아니라 '책'과 '가방'이다.

겹받침의 경우에는, 그 중 하나만을 옮겨 발음한다.

넋 없다[너겁따]	닭 앞에[다가페]	값어치[가버치]
값있는[가빈는]		

연음 예외

한글 자모의 이름은 그 받침소리를 연음하되, 'ㄷ, ㅈ, ㅊ, ㅋ, ㅌ, ㅍ, ㅎ'의 경우에는 특별히 다음과 같이 발음한다.

디귿이[디그시]	디귿을[디그슬]	디귿에[디그세]
지읒이[지으시]	지읒을[지으슬]	지읒에[지으세]
치읓이[치으시]	치읓을[치으슬]	치읓에[치으세]
키읔이[키으기]	키읔을[키으글]	키읔에[키으게]
티읕이[티으시]	티읕을[티으슬]	티읕에[티으세]
피읖이[피으비]	피읖을[피으블]	피읖에[피으베]
히읗이[히으시]	히읗을[히으슬]	히읗에[히으세]

받침을 가진 말 뒤에 모음으로 시작하는 형식 형태소가 오면 연음이 되는 것이 원칙이다. 그러므로 '지읒이, 치읓이, 피읖이' 등은 각각 '[지으지], [치으치], [피으피]'로 발음하는 것이 타당하다. 그러나 '디귿, 치읓, 키읔, 티읕, 피읖, 히읗'에는 이 원칙이 적용되지 않는다. 이것은 자음의 명칭이 정해진 당시의 현실 발음을 고려한 조치다.

06 음의 동화

어떤 음절의 끝 자음이 그 뒤에 오는 자음과 만날 때 어느 한쪽이 다른 쪽을 닮아서 그와 비슷하거나 같은 소리로 바뀌기도 하고 양쪽이 서로 닮아서 두 소리가 다 바뀌기도 하는 현상을 말한다.

음의 동화에는 구개음화, 비음화, 자동음화, 유음화 등이 있다.

:: 구개음화

구개음화는 흔히, 치조음 'ㄷ, ㄸ, ㅌ'이 전설고모음 '이'(또는 활음 'j') 앞에서 각각 경구개음 'ㅈ, ㅉ, ㅊ'으로 바뀌는 현상을 가리킨다.

받침 'ㄷ, ㅌ(ㄾ)'이 조사나 접미사의 모음 'ㅣ'와 결합되는 경우에는, [ㅈ, ㅊ]으로 바꾸어서 뒤 음절 첫소리로 옮겨 발음한다.

곧이듣다[고지듣따]	굳이[구지]	미닫이[미다지]
땀받이[땀바지]	밭이[바치]	벼훑이[벼훌치]

'ㄷ' 뒤에 접미사 '히'가 결합되어 '티'를 이루는 것은 [치]로 발음한다.

굳히다[구치다]	닫히다[다치다]	묻히다[무치다]

:: 비음화

비음화란 비음 앞에서 비음이 아닌 소리(이 경우에는 장애음)가 비음으로 대치되는 현상을 가리킨다. 여기서 선행하는 장애음이 비음으로 바뀌는 것은 후행하는 비음 때문이므로 비음화 또는 유음화와 마찬가지로 동화 현상의 하나라 할 수 있다.

받침 'ㄱ(ㄲ, ㅋ, ㄳ, ㄺ), ㄷ(ㅅ, ㅆ, ㅈ, ㅊ, ㅌ, ㅎ), ㅂ(ㅍ, ㄼ, ㄿ, ㅄ)'은 'ㄴ, ㅁ' 앞에서 [ㅇ, ㄴ, ㅁ]으로 발음한다.

먹는[멍는]	국물[궁물]	깎는[깡는]	키읔만[키응만]
몫몫이[몽목씨]	긁는[긍는]	흙만[흥만]	닫는[단는]
짓는[진ː 는]	옷맵시[온맵씨]	있는[인는]	맞는[만는]
젖멍울[전멍울]	쫓는[쫀는]	꽃망울[꼰망울]	붙는[분는]
놓는[논는]	잡는[잠는]	밥물[밤물]	앞마당[암마당]
밟는[밤ː 는]	읊는[음는]	없는[엄ː 는]	값매다[감매다]

국어에는 'ㄱ, ㄷ, ㅂ'이 뒤에 오는 비음인 'ㄴ, ㅁ'이 올 때 앞선

자음인 'ㄱ, ㄷ, ㅂ'이 뒤에 오는 비음의 방식에 동화되어 동일한 조음 위치의 'ㅇ, ㄴ, ㅁ'으로 바뀌는 음운 변동이 있다.

'ㄱ, ㄷ, ㅂ' 옆에 괄호에 'ㄲ, ㅋ, ㄳ, ㄺ', 'ㅅ, ㅆ, ㅈ, ㅊ, ㅌ, ㅎ', 'ㅍ, ㄼ, ㄿ, ㅄ'도 음운 변동이 있다.

'ㄱ'의 경우 앞말이 'ㄲ, ㅋ, ㄳ, ㄺ'으로 끝나더라도 종성에서는 [ㄱ]으로 발음되기 때문에 비음화가 적용되며, 'ㄷ'이나 'ㅂ'도 마찬가지이다.

두 단어를 이어서 한 마디로 발음하는 경우에도 이와 같다.

책 넣는다[챙넌는다] 흙 말리다[흥말리다] 옷 맞추다[온맏추다]
밥 먹는다[밤멍는다] 값 매기다[감매기다]

:: 자음동화

'ㄹ'의 특정 자음 뒤에서 'ㄴ'으로 바뀌는 현상을 규정하고 있다. 이 현상은 자음으로 끝나는 말 뒤에 'ㄹ'로 시작하는 말이 결합할 때 일어나며 주로 한자어에서 찾아볼 수 있다.

받침 'ㅁ, ㅇ' 뒤에 연결되는 'ㄹ'은 [ㄴ]으로 발음한다.

담력[담: 녁] 침략[침냑] 강릉[강능] 항로[항: 노]
대통령[대: 통녕]

받침 'ㄱ, ㅂ' 뒤에 연결되는 'ㄹ'도 [ㄴ]으로 발음한다.

막론[막논→망논] 석류[석뉴→성뉴] 협력[협녁→혐녁] 법리[법니→범니]

:: 유음화

유음화는 특정한 환경에서 유음이 아닌 소리(이 경우에는 'ㄴ')가 유음으로 대치되는 현상을 가리킨다. 이때의 특정 환경이란 유음 'ㄹ'이 인접해 있는 경우를 말한다.

'ㄴ'은 'ㄹ'의 앞이나 뒤에서 [ㄹ]로 발음한다.

'ㄹ'과 'ㄴ'이 인접하면 'ㄴ'이 'ㄹ'에 동화되어 'ㄹ'로 바뀐다. 이 현상은 'ㄴ'이 'ㄹ'에 앞서는 경우와 'ㄴ'이 'ㄹ' 뒤에 오는 경우로 나눌 수 있다. (1)은 'ㄴ'이 'ㄹ'에 앞설 때 'ㄹ'로 동화되는 예이다. (2)는 'ㄴ'이 'ㄹ' 뒤에 올 때 'ㄹ'로 동화되는 예이다.

(1)	난로[날: 로]	신라[실라]	천리[철리]
	광한루[광: 할루]	대관령[대: 괄령]	
(2)	칼날[칼랄]	물난리[물랄리]	줄넘기[줄럼끼]
	할는지[할른지]		

첫소리 'ㄴ'이 'ㅀ', 'ㄾ' 뒤에 연결되는 경우에도 이에 준한다.

닳는[달른] 뚫는[뚤른] 핥네[할레]

다만, 다음과 같은 단어들은 'ㄹ'을 [ㄴ]으로 발음한다.

의견란[의: 견난]	임진란[임: 진난]	생산량[생산냥]
결단력[결딴녁]	공권력[공꿘녁]	동원령[동: 원녕]
상견례[상견녜]	횡단로[횡단노]	이원론[이: 원논]
입원료[이붠뇨]	구근류[구근뉴]	

:: 자음동화 불인정

위에서 지적한 이외의 자음동화는 인정하지 않는다.

감기[감: 기](×[강: 기])
있고[읻꼬](×[익꼬])
젖먹이[전머기](×[점머기])
꽃밭[꼳빧](×[꼽빧])
옷감[옫깜](×[옥깜])
꽃길[꼳낄](×[꼭낄])
문법[문뻡](×[뭄뻡])

:: 'ㅣ'모음 순행 동화

다음과 같은 용언의 어미는 [어]로 발음함을 원칙으로 하되, [여]로 발음함도 허용한다.

되어[되어/되여] 피어[피어/피여]

'이오, 아니오'도 이에 준하여 [이요, 아니요]로 발음함을 허용한다.

07 경음화

경음화는 어떠한 조건 아래에서 경음이 아닌 소리(이 경우에는 평음)가 경음으로 대치되는 현상을 가리킨다. 다시 말해 특정한 환경에서 평음 'ㄱ, ㄷ, ㅂ, ㅅ, ㅈ'이 경음 'ㄲ, ㄸ, ㅃ, ㅆ, ㅉ'으로 바뀌는 현상을 경음화라 한다.

'ㄱ, ㄷ, ㅂ'과 같이 종성으로 발음되는 파열음 뒤에서의 경음화를 규정하고 있다. 'ㄱ, ㄷ, ㅂ'으로 끝나는 말 뒤에서는 물론이고 'ㄲ, ㅋ, ㄳ, ㄺ', 'ㅅ, ㅆ, ㅈ, ㅊ, ㅌ', 'ㅍ, ㄼ, ㄿ, ㅄ'과 같이 표면적으로는 'ㄱ, ㄷ, ㅂ'으로 끝나지 않아도 종성에서 대표음 [ㄱ, ㄷ, ㅂ]으로 발음되는 경우 동일한 성격의 경음화가 적용된다.

받침 'ㄱ(ㄲ, ㅋ, ㄳ, ㄺ), ㄷ(ㅅ, ㅆ, ㅈ, ㅊ, ㅌ), ㅂ(ㅍ, ㄼ, ㄿ,ㅄ)' 뒤에 연결되는 'ㄱ, ㄷ, ㅂ, ㅅ, ㅈ'은 된소리로 발음한다.

국밥[국빱]	깎다[깍따]	넋받이[넉빠지]	삯돈[삭똔]
닭장[닥짱]	칡범[칙뻠]	뻗대다[뻗때다]	옷고름[옫꼬름]
있던[읻떤]	꽂고[꼳꼬]	꽃다발[꼳따발]	낯설다[낟썰다]
밭갈이[받까리]	솥전[솓쩐]	곱돌[곱똘]	덮개[덥깨]
옆집[엽찝]	넓죽하다[넙쭈카다]	읊조리다[읍쪼리다]	
값지다[갑찌다]			

어간 받침 'ㄴ(ㄵ), ㅁ(ㄻ)' 뒤에 결합되는 어미의 첫소리 'ㄱ, ㄷ, ㅅ, ㅈ'은 된소리로 발음한다.

신고[신: 꼬]	껴안다[껴안따]	앉고[안꼬]	닮고[담: 꼬]
삼고[삼: 꼬]	더듬지[더듬찌]	얹다[언따]	젊지[점: 찌]

다만, 피동, 사동의 접미사 '-기-'는 된소리로 발음하지 않는다.

안기다　감기다　굶기다　옮기다

어간 받침 'ㄼ, ㄾ' 뒤에 결합되는 어미의 첫소리 'ㄱ, ㄷ, ㅅ, ㅈ'은 된소리로 발음한다.

넓게[널께]　핥다[할따]　훑소[훌쏘]　떫지[떨ː 찌]

한자어에서, 'ㄹ' 받침 뒤에 연결되는 'ㄷ, ㅅ, ㅈ'은 된소리로 발음한다.

갈등[갈뜽]　발동[발똥]　절도[절또]　말살[말쌀]
불소[불쏘]　일시[일씨]　갈증[갈쯩]　물질[물찔]
발전[발쩐]　몰상식[몰쌍식]　불세출[불쎄출]

다만, 같은 한자가 겹쳐진 단어의 경우에는 된소리로 발음하지 않는다.

허허실실[허허실실]　절절-하다[절절하다]

관형사형 '-(으)ㄹ' 뒤에 연결되는 'ㄱ, ㄷ, ㅂ, ㅅ, ㅈ'은 된소리로 발음한다.

할 것을[할꺼슬]　갈 데가[갈떼가]　할 바를[할빠를]
할 수는[할쑤는]　할 적에[할쩌게]　갈 곳[갈꼳]
할 도리[할또리]　만날 사람[만날싸람]

다만, 끊어서 말할 적에는 예사소리로 발음한다.

'-(으)ㄹ'로 시작되는 어미의 경우에도 이에 준한다.

할걸[할껄]	할밖에[할빠께]	할세라[할쎄라]	
할수록[할쑤록]	할지라도[할찌라도]	할지언정[할찌언정]	할진대[할찐대]

표기상으로는 사이시옷이 없더라도, 관형격 기능을 지니는 사이시옷이 있어야 할(휴지가 성립되는) 합성어의 경우에는, 뒤 단어의 첫소리 'ㄱ, ㄷ, ㅂ, ㅅ, ㅈ'을 된소리로 발음한다.

문-고리[문꼬리]	눈-동자[눈똥자]	신-바람[신빠람]
산-새[산쌔]	손-재주[손째주]	길-가[길까]
물-동이[물똥이]	발-바닥[발빠닥]	굴-속[굴: 쏙]
술-잔[술짠]	바람-결[바람껼]	그믐-달[그믐딸]
아침-밥[아침빱]	잠-자리[잠짜리]	강-가[강까]
초승-달[초승딸]	등-불[등뿔]	창-살[창쌀]
강-줄기[강쭐기]		

08 음의 첨가

우리말은 발음을 편히 하기 위해서 또는 관습에 의해서 복합어일 경우 소리가 첨가되는 경우가 있다.

:: 'ㄴ'의 첨가

합성어 및 파생어에서, 앞 단어나 접두사의 끝이 자음이고 뒤 단어나 접미사의 첫음절이 '이, 야, 여, 요, 유'인 경우에는, 'ㄴ' 음을 첨가하여 [니, 냐, 녀, 뇨, 뉴]로 발음한다.

솜-이불[솜: 니불]	홑-이불[혼니불]	막-일[망닐]
삯-일[상닐]	맨-입[맨닙]	꽃-잎[꼰닙]
내복-약[내: 봉냑]	한-여름[한녀름]	남존-여비[남존녀비]
신-여성[신녀성]	색-연필[생년필]	직행-열차[지캥녈차]
늑막-염[능망념]	콩-엿[콩녇]	담-요[담: 뇨]
눈-요기[눈뇨기]	영업-용[영엄뇽]	식용-유[시굥뉴]
국민-윤리[궁민뉼리]	밤-윷[밤: 뉻]	

다만, 다음과 같은 말들은 'ㄴ' 음을 첨가하여 발음하되, 표기대로 발음할 수 있다.

이죽-이죽[이중니죽/이주기죽]	야금-야금[야금냐금/야그먀금]
검열[검: 녈/거: 멸]	욜랑-욜랑[욜랑뇰랑/욜랑욜랑]
금융[금늉/그뮹]	

'ㄹ' 받침 뒤에 첨가되는 'ㄴ' 음은 [ㄹ]로 발음한다.

들-일[들: 릴]	솔-잎[솔립]	설-익다[설릭따]
물-약[물략]	불-여우[불려우]	서울-역[서울력]
물-엿[물렫]	휘발-유[휘발류]	유들-유들[유들류들]

두 단어를 이어서 한 마디로 발음하는 경우에도 이에 준한다.

한 일[한닐]	옷 입다[온닙따]	서른여섯[서른녀섣]
3연대[삼년대]	먹은 엿[머근녇]	할 일[할릴]
잘 입다[잘립따]	스물여섯[스물려섣]	1연대[일련대]
먹을 엿[머글렫]		

다만, 다음과 같은 단어에서는 'ㄴ(ㄹ)' 음을 첨가하여 발음하지 않는다.

6 · 25[유기오]	3 · 1절[사밀쩔]	송별-연[송: 벼련]	등-용문[등용문]

:: 사이시옷의 첨가

사이시옷이 붙은 단어는 다음과 같이 발음한다. 첨가된 자음의 종류에 따라 3개의 하위 조항으로 구성되어 있다. 하위 조항은 'ㄷ'이 첨가된 경우, 'ㄴ'이 첨가된 경우, 'ㄴㄴ'이 첨가된 경우이다.

'ㄷ'이 첨가된 경우

'ㄱ, ㄷ, ㅂ, ㅅ, ㅈ'으로 시작하는 단어 앞에 사이시옷이 올 때는 이들 자음만을 된소리로 발음하는 것을 원칙으로 하되, 사이시옷을 [ㄷ]으로 발음하는 것도 허용한다.

냇가[내: 까/낻: 까]	샛길[새: 낄/샏: 낄]	빨랫돌[빨래똘/빨랟똘]
콧등[코뜽/콛뜽]	깃발[기빨/긷빨]	대팻밥[대: 패빱/대: 팯빱]
햇살[해쌀/핻쌀]	뱃속[배쏙/밷쏙]	뱃전[배쩐/밷쩐]
고갯짓[고개찓/고갣찓]		

'ㄴ'이 첨가된 경우

사이시옷 뒤에 'ㄴ, ㅁ'이 결합되는 경우에는 [ㄴ]으로 발음한다.

콧날[콛날→콘날]	아랫니[아랟니→아랜니]
툇마루[퇻: 마루→퇸: 마루]	뱃머리[밷머리→밴머리]

'ㄴㄴ'이 첨가된 경우

사이시옷 뒤에 '이' 음이 결합되는 경우에는 [ㄴㄴ]으로 발음한다.

베갯잇[베갠닏→베갠닏]　　깻잎[깬닙→깬닙]
나뭇잎[나문닙→나문닙]　　도리깻열[도리깬녈→도리깬녈]
뒷윷[뒨: 뉻→뒨: 뉻]

---

09 발음 연습 실전

발음이 부정확한 사람들을 살펴보면, 각 발음에 따른 입술 모양을 정확하게 하지 않아서, 발음의 경계가 모호한 경우가 많다. 명확한 발음을 위해선, 정확한 입 모양이 중요하다. 입술 모양을 정확히 하지 않고, 그냥 웅얼웅얼하는 경우엔 절대 명확한 발음이 날 수가 없다. 그리고 발음 연습을 할 때에는 입 모양을 되도록 크게 해 주는 것이 효과적이다. 발음 연습에 가장 기본이 되고 중요한 것은 아, 에, 이, 오, 우이다. 거울을 보고 큰 소리로 따라 해 보자.

아　　에　　이　　오　　우

아나운서 발음연습법에 도전해 보자.

ㄱ ㄹ ㅡ ㅣ

내가 그린 기린 그림이 잘 그린 기린 그림인가
니가 그린 기린 그림이 잘 그린 기린 그림인가

ㅜ ㅡ ㄱ ㄹ

내가 그린 구름 그림은 새털구름 그린 구름 그림이고
네가 그린 구름 그림은 깃털구름 그린 구름 그림이다.

ㄱ ㅈ (구개음)

간장공장 공장장은 강 공장장이고
된장공장 공장장은 공 공장장이다

ㅂ+ㅎ ☞ ㅍ

저분은 백 법학박사이고
이분은 박 법학박사이다.

ㅋ ㄲ

상표 붙인 큰 깡통은 깐 깡통인가?
안 깐 깡통인가?

ㅑ ㅛ 이중 모음

선진 샹숑가수의 신춘 샹숑쇼우

ㄱ+ㅎ ☞ ㅋ

서울특별시 특허 허가과 허가과장 허과장

ㄸ ㅌ

저기 저 뜀틀이 내가 뛸 뜀틀인가 내가 안 뛸 뜀틀인가

ㅍ

앞집 팥죽은 붉은 팥 풋팥죽이고,
뒷집 콩죽은 햇콩 단콩콩죽,
우리 집 깨죽은 검은깨 깨죽인데
사람들은 햇콩 단콩 콩죽 깨죽 죽 먹기를 싫어하더라.

ㅅ ㅊ

중앙청 창살은 쌍창살이고,
시청의 창살은 외창살이다.

우리 집 옆집 앞집 뒤창살은 홑겹창살이고,
우리 집 뒷집 앞집 옆창살은 겹홑창살이다.

ㅊ ㅋ

안 촉촉한 초코칩 나라에 살던 안 촉촉한 초코칩이
촉촉한 초코칩 나라의 촉촉한 초코칩을 보고
촉촉한 초코칩이 되고 싶어서 초코칩 나라에 갔는데
촉촉한 초코칩 나라의 문지기가
넌 촉촉한 초코칩이 아니고
안 촉촉한 초코칩이니
안 촉촉한 초코칩 나라에서 살아!라고 해서
안 촉촉한 촉코칩은 촉촉한 초코칩이 되는 것을 포기하고
안 촉촉한 초코칩 나라로 돌아갔다.

다음 발음 연습표를 이용해서 연습해 보자.

	ㅏ	ㅑ	ㅓ	ㅕ	ㅗ	ㅛ	ㅜ	ㅠ	ㅡ	ㅣ	ㅐ	ㅔ	ㅚ	ㅟ
ㄱ	가	갸	거	겨	고	교	구	규	그	기	개	게	괴	귀
ㄴ	나	냐	너	녀	노	뇨	누	뉴	느	니	내	네	뇌	뉘
ㄷ	다	댜	더	뎌	도	됴	두	듀	드	디	대	데	되	뒤
ㄹ	라	랴	러	려	로	료	루	류	르	리	래	레	뢰	뤼
ㅁ	마	먀	머	며	모	묘	무	뮤	므	미	매	메	뫼	뮈
ㅂ	바	뱌	버	벼	보	뵤	부	뷰	브	비	배	베	뵈	뷔
ㅅ	사	샤	서	셔	소	쇼	수	슈	스	시	새	세	쇠	쉬
ㅇ	아	야	어	여	오	요	우	유	으	이	애	에	외	위
ㅈ	자	쟈	저	져	조	죠	주	쥬	즈	지	재	제	죄	쥐
ㅊ	차	챠	처	쳐	초	쵸	추	츄	츠	치	채	체	최	취
ㅋ	카	캬	커	켜	코	쿄	쿠	큐	크	키	캐	케	쾨	퀴
ㅌ	타	탸	터	텨	토	툐	투	튜	트	티	태	테	퇴	튀
ㅍ	파	퍄	퍼	펴	포	표	푸	퓨	프	피	패	페	푀	퓌
ㅎ	하	햐	허	혀	호	효	후	휴	흐	히	해	헤	회	휘

제3장

시낭송 기법의 활용

01 본인의 음색을 파악하라

사람의 목소리는 얼굴의 생김새가 다르듯이 사람마다 다르고 특색이 있다, 각자가 지닌 음성의 색깔을 음색이라고 한다. 본인의 음색을 정확히 파악하여야 한다. 시낭송의 맛을 내고 개성적 향기를 가지려면 목소리에 빛깔이 있어야 한다. 이것은 음량, 음질, 음폭 등 음성의 요소뿐만 아니라 그 사람의 성격적인 특성도 많이 작용한다. 음색은 내용과 상황에 따라 어둡고 밝은 색깔로 구분된다. 기쁘고 명랑하고 쾌활할 때는 밝은 색깔, 새싹이 움트는 봄이나 싱그러운 여름을 나타내는 초록 색깔, 슬프거나 생각이 깊을 때는 어두운 색깔을 띠게 된다. 내용과 상황에 따라 목소리의 색깔에 변화를 주면 느낌을 강하게 전달할 수 있다. 시적 자아에 표출되는 목소리의 성향으로 색감을 입히고 표현을 하면 시의 맛을 잘 살릴 수 있다.

시낭송을 감명 깊게 하고 감동을 주는 목소리가 되려면, 타고난 고운 음색을 가지고 있다면 절대적으로 유리하다. 그러나 좋은 음색을 선택받지 못했다고 해서 실망할 필요는 없다. 성대는 목소리를 잘 관리하고 훈련하면 좋은 목소리가 된다.

02 정확하게 발음하라

영어 발음이 좋은 사람이 하는 영어가 쉽고 아름답게 들리듯 발음 정확한 우리말은 시의 의미가 정확히 전달된다. 낱말 하나하나가 소리가 다르고, 말이 너무 빠르지도 느리지도 않게 마치 물 흐르듯이 힘참, 고요함, 평화로움, 그리움 등을 나타내야 듣는 이가 매력을 느껴 귀 기울이게 된다. 이것은 시낭송의 바탕이다. 시어 하나하나를 분명하고 또렷하게 발음해야 하며, 청중에게 정확한 울림을 줄 수 있도록 발음해야 한다.

지방에서 자라 표준어를 배우지 못한 사람과 시낭송가들 중에서도 발음 훈련이 제대로 안 된 경우를 자주 보게 된다. 이는 발음 기초교육부터 제대로 갖추어지지 않아서 생기는 일이다. 국어 음성학의 기초를 배우고 자기의 음색에 맞는 발음 발성 훈련을 해야 한다. 또 단어 하나하나에 소리음을 어떻게 발음하고 전달하는지도 알아야 한다.

정확한 발음을 연습하기 위해서는 스피치 학원을 다녀도 되지만, 유튜브에 유명 스피치 강사나 아나운서들이 무료로 강의를 하고 있다. 이를 잘 활용하면 큰 도움이 된다.

03 고저, 장단, 강약, 완급을 조절하라

시낭송에는 분위기와 이미지가 있다. 시낭송에서 리듬을 뒷받침하는 것이 고저와 장단, 강약과 완급이다. 음악에서는 한 음의 고저, 장단, 강약과 한 소절이나 곡 전체의 완급이 바로 음악을 이루는 요소이다. 시낭송이 노래하는 것이라면 낱말이나 시구의 장단과 고저와 강약, 행이나 연에 완급이 있어야 한다.

음악에서는 악보에 고저, 장단, 강약 등이 모두 명시가 되어 있다. 그러나 시에는 이런 것이 없다. 운율은 시에 내재되어 있지만 어느 시구를 높게 또는 낮게, 길게 또는 짧게, 강하게 또는 약하게 낭송하고 어느 시행을 천천히 또는 빨리 낭송하여 시감에 악센트를 주고 시 전체에 기복과 변화를 줄 것인가는 전적으로 낭송가가 시 내용에 따라 치밀한 감정의 논리로 조절해야 한다. 시가 가지고 있는 여백의 여유로움을 표현할 줄 알아야 한다.

:: 음의 고저

흔히 시낭송 할 때 계속 높은음 또는 낮은음으로 시낭송하는 경우가 있다. 음성의 고저에 대한 변화가 없이 책을 읽는 것처럼 일률적으로 시낭송을 한다면 지루할 뿐만 아니라 아무런 감동을 주지 못한다. 낭송할 시에 어울리도록 높고 낮음을 조화롭게 표현하여야 한다. 그러나 지나치게 고저음의 변화와 감정의 표현은 듣는 이가 부담스러울 수 있으므로 절제된 가운데 효과적으로 표현해야 한다.

시낭송에서 고저나 강약에서 특히 유의할 것은 고음과 강음, 저음과 약음의 혼돈이다. 대부분의 낭송가들은 강음을 내라면 고음을 내고 약음을 내라면 저음을 낸다. 낮은 소리도 강하게 낼 수 있어야 하고 높은 소리도 약하게 낼 수 있어야 한다.

고음

자기의 기본음을 정한 후 그 음을 기본으로 하여 음성을 변화시키는데, 높은음은 열광, 열정, 흥분, 초조, 강조, 주장, 분노, 호소, 기쁨을 나타낸다. 이때 주의할 점은 탁하고 거친 소리가 나지 않고 자연스러운 목소리가 나오도록 해야 한다.

중음

중음이란 음성의 중간 음으로 자기의 기본음이다. 중음은 저음에서 고음으로, 고음에서 저음으로 연결하는 매개체가 된다. 이 음은 처음부터 끝까지 음성을 이루는 음이 된다.

저음

저음이란 자기 음성의 낮은음으로 주로 신뢰를 나타내는 구절, 숭고한 내용, 낭만, 침착, 슬픔, 패배와 고뇌, 사죄, 허약의 문구에 사용한다. 저음은 울림이 있어야 한다.

:: 음의 장단

영어에 악센트가 있듯이 우리말에는 장단음이 있다. 악센트를 잘못 주었을 때 미국인들이 전혀 알아듣지 못하는 것처럼 우리말의 장단음을 잘못 발음하면 전혀 다른 뜻이 된다. 우리말의 장단음만 제대로 발음해도 리듬이 살아난다. 우리말의 장단음에 대해서는 2장에 상세하게 설명되어 있다.

:: 음의 강약

음성의 강약은 강조점을 유의하여 흑과 백 강약의 콘트라스트를 조율한다. 시낭송을 크게 강하게 표현하더라도 웅변이나 동화구연처럼 높은 소리로 힘차게 표현하는 것은 아니다. 시낭송은 절제된 표현 가운데 아름다움을 나타내는 미학이기 때문이다.

강음

강음은 환희에 찬 내용, 급박한 상황, 날카로운 내용, 예리한 공격을 할 경우에 주로 사용한다. 감정이 차차 고조되면 높은 음성과 함께 강한 음성이 비례되어 사용된다. 강음은 시낭송가가 가장 강조하고 싶은 곳을 표현할 때 사용한다. 이때는 점차 단계적으로 고조시켜 클라이맥스를 터뜨리면 효과가 있다.

약음

슬픔과 정숙, 부드러운 내용, 자연스러운 상황 등에 사용하나, 약음을 오랫동안 지속하면 힘이 없어 보이므로 중음과 강음을 적절히 조절해야 한다.

:: 음의 완급

시낭송에서 속도는 중요하다. 속도에서 중요한 것은 음성의 완급이다. 음절과 음절, 낱말과 낱말, 어구와 어구 등 낭송 시간의 빠르고 느린 정도를 말한다. 행과 행 사이에 생략된 여러 가지 내용을 분석하여 호흡을 조절하고 포즈를 두며 속도를 조절한다. 여기서 포즈란 낭송을 하는 도중에 일정한 시간적 공백을 두는 것을 말한다. 포즈의 위치나 길이에 따라 시적 감동이 달라지기 때문이다.

시낭송에서 포즈 길이를 어느 부분에서 특별히 길게 할 경우, 청중은 다음 말을 수용할 태세를 갖추며 심리적으로 긴장하게 마련이다. 포즈 뒤에 오는 어휘, 어구, 문장을 더 주의 깊게 듣는다.

속도의 변화는 양과 쉼으로 나눌 수 있다. 양은 한 낱말을 발음하는 데 소요되는 시간이며, 쉼은 낱말과 낱말 사이에 오는 침묵이다. 된소리나 거센소리를 듣기 좋게 표현하기 위하여 받침을 동시에 발음하지 않고 약간의 시간적인 간격을 두고 발음한다. '하아나, 두우울, 세에엣' 하는 것은 양이 긴 것이고, '하나, 둘, 셋'은 짧은 것이다. 양이나 쉼이 길면 속도가 느린 것이고 짧으면 빠른 것이다.

시낭송에서 문장이 길어서 한 문장을 한 호흡으로 읽을 수 없거나 의미 발음의 문제로 인해 중간에 포즈를 두는 것을 끊어 읽기라고 한다. 시낭송에서 끊어 읽기를 적절하게 하느냐 그렇지 않느냐는 의미 전달의 효율성, 발음의 정확성, 발성의 자연스러움, 운율 등에 매우 깊은 영향을 미치는 요소다. 그러나 문장을 어디서 끊어 읽기를 해야 하느냐, 즉 포즈의 적당한 위치를 어디에 두느냐 하는 문제는 그리 간단하지 않다. 왜냐하면 호흡의 길이가 생리적인 요인, 문장의 구조, 음성 표현의 속도, 시의 의미 가치를 판단하는 기준이 사람마다 다르기 때문이다.

04 리듬을 살려라

시가 노래라면 그 바탕은 음률과 리듬이다. 시낭송은 이 음률과 리듬을 살리는 것이다. 음률과 리듬으로 그 시의 정조를 표현하는 것이다. 규칙적으로 되풀이되는 음을 마음속에서 따라가며 시낭송에 귀를 기울이게 함으로써 음률과 리듬은 우리의 주의력을 연결하는 수단이 된다. 이로 인해 우리는 마음속에서 아무런 판단도 기다리지 않고 맹목적으로 그 시에 공감하게 되고, 그 시는 설득력을 얻게 된다. 시낭송은 말을 가지고 의식적으로 시의 내용을 전달하는 것이 아니라 음감이 리듬을 통해 무의식적으로 시를 감지하게 하는 것이다. 사람이 리듬에 민감한 것은 생리적인 것으로 심장의 고동이나 호흡 속에 리듬이 있기 때문이다. 그리고 파도 소리처럼 시의 리듬은 사람을 최면시키는 효과가 있다.

시는 원천적으로 시 자체 속에 음률과 리듬이 내재되어 있다. 낭송가는 시에 감춰진 음률과 리듬을 끌어내어야 한다. 그러나 음률과 리듬이 시 속에 있다고 해서 누구나 쉽게 발견할 수 있는 것은 아니다. 리듬 감각 훈련을 통하여 그것을 찾아내어야 한다. 리듬은 시감의 향수 능력과 취향에 따라 얼마든지 달라질 수 있다.

시낭송에서 감동의 근원은 리듬이다. 리듬이란 음이나 말이나 몸이 어떤 질서를 가지고 주기적으로 움직이는 반복운동을 말한다. 시들이 같은 낱말이나 행을 자주 되풀이하는 것은 일부러 리듬을 만들기 위해서다. 시낭송에서는 리듬이 감동의 원천이기 때문에 무엇보다도 이 리듬을 살릴 줄 알아야 한다.

시에서 리듬을 만드는 것은 기본적으로는 운과 시행이다. 우리나라 시에는 한시라든가 서양 시에서 보는 두운이나 각운 같은 운이 없다. 그래서 시행이 리듬에 크게 작용한다.

시에는 정형시와 자유시가 있다. 정형시에는 민요의 7·5조 같은 외형률이 있고, 자유시에는 내재율이 있다. 외형률은 글자의 음수가 일정하여 아무나 그 리듬을 따라가기 쉽다. 그러나 현대시의 대부분인 자유시의 내재율은 음률이 숨어 있기 때문에 각자가 그 리듬을 찾아내야 한다. 같은 시라도 읽는 사람에 따라 그 리듬의 형태가 다를 수 있다. 어느 시행에서 어떤 리듬을 끌어낼 것인가는 낭송가의 리듬 감각과 재능에 달려 있다.

시낭송가는 시의 리듬 감각을 익혀야 한다. 시의 리듬 감각은 많은 시를 통해 기를 수밖에 없다. 구조나 양식이나 표현 방법이 다른 여러 형태의 시를 되풀이 소리 내어 낭독하여 체득해야 한다. 그런 훈련을 통해 리듬 감각이 저절로 몸에 익어야 한다.

시낭송에서 리듬은 박자보다 강약이다. 일정하게 반복되는 속도보다는 강약의 조화로 리듬을 만들어 내어야 한다. 일반적으로 낭송가들은 의외로 리듬 의식이 약하고 강약 조절을 등한시한다. 리듬이라고 해서 낭송가가 같은 리듬만 반복하는 것은 위험하다. 같은 리듬이 되풀이되면 단조로워진다. 때로는 리듬을 일부러 깰 줄도 알아야 한다.

05 호흡을 조절하라

시낭송의 음조는 호흡에 달려 있다. 시낭송의 발성을 정확하게 하고 감정의 기복에 음영을 주고 리듬을 절도 있게 살리고 하는 것은 호흡이다. 일반적으로 고른 호흡이 편안한 발성을 도와주고 차분한 시감을 전하는 것이지만 시 내용에 따라서는 일률적인 속도의 호흡만으로는 안 된다. 숨을 끊어 쉬어야 할 때도 있고 숨을 몰아 쉬어야 할 때도 있다.

어떤 감정이 지속적으로 이어지면서 고조되고 있을 때 중간에서 숨을 쉬어 버리면 그 감정이 갑자기 시들어 버리고 만다. 행이 바뀐다고 해서 반드시 호흡을 새로 가다듬을 필요는 없다. 행과 행 사이를 띄어 읽고 싶은 경우라도 감정을 연속시키려면 호흡을 잠시 멈추었다가 그대로 이어가야지 숨을 고르고 있어서는 안 된다. 구두점과 행의 단락을 자의로 조절하는 것이 바로 호흡이다. 긴 호흡을 훈련해야 한다.

시라고 해서 시구나 행별로 끊어서 낭송해야 한다는 고정관념에서 벗어나야 한다. 다만 긴 호흡일 때 자칫하면 빨리 읽느라고 시어의 정확한 전달이 소홀해질 우려를 조심할 필요가 있다.

음악에서 침묵도 음악이듯이 시낭송에서 휴지도 낭송이다. 행과 행 사이 특히 연과 연 사이의 간격 조절에도 감정이 논리적이어야 한다. 시낭송에서 호흡은 감정을 만들어 내는 중요한 도구다. 시낭송의 감정 조절은 목소리만 하는 것이 아니라 항상 호흡이 공조하는 것이다. 시낭송가는 호흡조절을 잘하기 위해서는 좋은 호흡 방법에 대한 이해와 연습이 필요하다. 호흡의 종류에는 5가지가 있다.

:: 단식호흡

가슴으로만 숨을 쉬는 것을 단식호흡이라고 하고, 아랫배를 당겨 붙이고 앞가슴으로 숨을 쉬는 것을 흉식호흡이라고도 한다.

심리적인 충격으로 온몸에 전율을 느낄 때의 호흡은 속도가 빨라지고 가슴으로 숨을 쉬게 된다. 순간적 폭발, 신경질적 성격을 가지고 있어 감정적 공격에 사용한다.

이 호흡은 어깨와 가슴이 위로 올라가며 가슴과 배 사이에 있는 횡격막이 위로 올라가 심장을 압축하게 되므로 음정이 불안정하고 호흡이 짧아지기 쉽다. 또 정신적인 압박감과 긴장감, 불안감 등 마음의 동요를 일으키며 소심하고 소극적인 생각과 행동을 낳게 한다.

:: 혼합식호흡

가슴과 배로 동시에 숨을 쉬는 것을 혼합식 호흡이라 한다. 운동

선수가 심한 경기를 한 후나 노동자가 힘에 겨운 일을 마치고 났을 때 힘이 들어 숨이 차서 가슴과 배로 동시에 숨을 쉬며 헐떡거리는 호흡이다. 이와 같이 숨을 들이마실 때 어깨와 가슴이 위로 올라가 폐를 수축시키는 호흡으로 가슴과 배를 동시에 혼용으로 숨 쉰다. 보통 격정적이고 충동적인 표현이나, 비판적이고 공격적인 표현일 때 이 호흡을 쓴다.

:: 복식호흡

공기가 배 속까지 가는 호흡으로 들이마시고 내쉬는 힘에 의해 배가 나왔다 들어갔다 하는 호흡을 말한다. 숨을 들이마셨을 때 배꼽 위와 아래가 동시에 부풀어 오르고 배꼽 위와 척추에도 힘이 간다. 정상적인 본능 호흡으로 냉철, 안정, 명상적 성격을 가졌으므로 설명 및 제안, 권고와 충고 등 일반적으로 말하는 데 사용한다.

:: 단전호흡

단전호흡은 배꼽에서 한 치 다섯 푼 아래, 안쪽으로 한 치 다섯 푼 지점의 단전에 의식을 두는 호흡이다. 단전호흡은 배꼽 뒤쪽에 있는 요추 3번과 4번 사이에 있는 명문이라는 혈자리가 있는데 이 곳을 통해서 호흡하는 것을 말한다. 단전에 정신을 집중하고 아랫배의 팽창과 수축으로 숨이 자연스럽게 저절로 들어오고 나가게 하는 호흡이다. 심장은 동맥혈의 흐름을 촉진하고 복압은 정맥혈의 흐름을 촉진한다. 그래서 복압을 제2의 심장이라고 한다. 단전호흡을 생활화하면 건강에도 매우 좋다.

단전호흡 하는 방법은 단전은 기가 모이는 장소, 생체에너지가 합성되는 부위라는 뜻을 지니고 있다. 단전은 상단전, 중단전, 하단전으로 나누어진다. 상단전은 이마의 양 눈썹 사이에 있는 인당을, 중단전은 양 가슴 사이의 전중을 말하여, 하단전은 배꼽 아래 기해 부위를 지칭한다. 단전호흡은 하단전호흡을 말한다. 1분에 12~13회 들숨 5초, 날숨 5초의 호흡을 한 뒤 점점 호흡을 늘리는 연습을 하면 많은 효과를 볼 수 있다.

- 눈을 감고 발을 11자로 벌린 다음 두 손을 단전에 합친 후 하단전에 의식을 집중한다.
- 배꼽이나 등 뒤에서 숨이 들어오고 나간다고 생각한다.
- 자연스럽게 충분히 마시고 완전히 토한다.
- 숨이 아랫배 깊숙이 내려오면 관원혈(하복부 앞쪽의 한 점)에 의식을 집중하고 흡 하면서 응축되는 힘을 가두었다가 호 하면서 이 기운을 등 뒤까지 자연스럽게 당긴다.

:: 단전복식호흡

단전복식호흡이란 복식호흡과 단전호흡의 장점을 활용하는 방법을 말한다. 평소 음질이 잘 다듬어지고 음폭이 넓어지며 음의 강약이 조절될 수 있는 단전복식호흡을 잘 익히면 시낭송 하는 데 많은 도움이 된다.

- 성악가나 연사, 시낭송을 하는 사람에게는 특히 호흡이 무척 중요하다. 단전복식호흡을 많이 연습하면 호흡량이 풍부해져 음질, 음폭이 잘 다듬어진다.
- 보통 성인이 숨을 쉴 때에는 횡경막이 1.5cm 정도 하향해서 500ml의 공기가 들어오고 다시 나간다고 한다. 그런데 단전호흡은 4~6배 정도 공기가 들어오기 때문에 인체의 곳곳에 필요한 산소를 충분히 공급해 주어 세포가 활성화되고 신진대사가 촉진된다.
- 단전호흡을 통해 횡경막 운동을 활성화하여 복압을 증대시키고 기혈순화를 원활케 하며 신진대사 기능을 촉진시켜 준다.
- 깊은 호흡으로 정신적인 안정을 가져온다.

06 몸의 힘을 빼라

시낭송을 시작할 때 가장 중요한 것은 몸의 힘을 빼는 것이다. 골프도 몸의 힘을 빼는 데 3년이 걸린다는 말이 있다. 시를 자연스럽게 낭송하려면 몸에 긴장을 풀어야 한다. 몸에 긴장이 풀릴 때 몸은 자유스러워지고 낭송가의 감정표현을 자유스럽게 할 수 있다. 몸에 힘이 들어가면 부자연스럽고 감정표현이 잘되지 않는다. 시낭송은 감정의 백지상태에서 시작해야 한다. 발성기관이 이완되어 있어야 목소리가 편안하다. 자신이 편안해야 남을 편안하게 할 수 있다.

07 제목, 첫 행, 마지막 행을 잘 낭송하라

시낭송은 시작이 중요하다. 제목과 첫 행을 잘 낭송해야 한다. 시를 낭송할 제목과 첫 행을 들어보면 그 낭송가의 수준을 알 수 있다. 노래를 잘 부르는 사람의 노래는 첫 소절만 들어도 아아! 하고 감탄사가 나온다. 시낭송도 마찬가지다.

시낭송의 첫 행은 그 음조가 다음의 전 행을 지배한다. 첫 행의 톤에 나머지가 따라가게 된다. 첫 행 톤을 높이거나 낮게 잡지 말고 편안하고 자연스러워야 한다. 시작이 편해야 끝까지 편안하게 들린다.

처음부터 감정을 넣어 낭송하지 말라. 첫 행부터 감정이 들어가면 부자연스럽다. 감정은 어떤 상황이 진척되면 생긴다. 시를 처음 읽듯이 시작해야 한다.

일반적으로는 시작의 톤이 너무 높으면 부자연스럽다. 대개는 대화의 톤이 알맞다. 무슨 시든 무조건 나직하게 시작하라는 것은 아니다. 발성에는 연기성이 있고 경기성이 있다. 시낭송에서도 시에 따라 연가처럼 낮고 부드럽게 시작해야 할 시가 있고 군가처럼 높고 씩씩하게 시작해야 할 시가 있다. 어느 시든 맨 첫 마디는 발성이 가장 명료해야 한다. 시를 자연스럽게 낭송한다고 첫 낱말을 예사로 읽기 쉬우나 첫 낱말은 의도적으로 글자 한 자 한 자를 분절 발성하여 확실하게 전달할 필요가 있다.

첫 구절뿐 아니라 맨 끝 구절도 유념해야 한다. 시낭송도 듣는 사람이 끝난다는 것을 짐작할 수 있게 낭송해야 한다. 종결감이 있어야 하는 것이다.

08 몸으로 낭송하라

시낭송은 입으로 낭송해서는 안 된다. 온몸으로 낭송해야 한다. 시를 외워 낭송하는 것은 그 시를 온몸에 녹이기 위한 것이다. 실제로 암송할 때 몸에 녹아 있는 시가 표출되어야 한다. 그 표출은 입으로만 되지 않고 몸이 따라야 하는 것이다.

입으로 낭송하는 목소리와 몸으로 낭송하는 목소리는 전혀 다르다. 훌륭한 시낭송을 보면 낭송가가 몸을 움직이지 않고 가만히 서 있어도 전신에서 시액이 나무의 수액처럼 흘러나오는 듯한 몸부림을 느낀다. 그럴 때 청중에게 그 감동은 귀 끝에만 전해지는 것이 아니라 온몸에 전해진다. 낭송가는 시흥의 전류에 온몸이 감전된 듯해야 하고 격정은 온몸에 전율이 흘러야 한다.

사람의 몸은 목의 성대만 악기가 아니라 온몸이 악기다. 시를 몸으로 낭송하자면 입 주위의 발성만 훈련해서는 안 되고 몸 전체가 길들여져 있어야 한다. 감정이 온몸을 울리게 하고 그 몸의 울림에서 소리가 나와야 하는데 그러기 위해서는 몸에 긴장이 있어서는 안 된다.

입으로 시를 낭송하는 사람 중에는 고운 목소리로만 시를 읽는 사람이 있다. 미성으로만 시를 낭송하면 그 낭송은 조화처럼 생기가 없다. 달콤한 목소리로 낭송하는 시는 모든 시가 같은 시로 들리고 오히려 다양한 낭송에 방해가 된다. 시낭송에는 다채로운 색깔이 있어야 하는데 곱기만 한 목소리는 단색적이어서 색체를 죽이고 매끈하기만 하지 힘이 없고 오래 듣고 있으면 역겹다.

또 시낭송을 들어 보면 자신 없는 목소리의 낭송이 있다. 시를 목소리로만 낭송하기 때문이다. 몸으로 낭송해야 자신감이 생긴다. 자신감이 있는 낭송이라야 신뢰가 간다.

09 연음, 여음, 함음, 토음을 충분히 살려라

:: 연음

연음은 앞 낱말의 마지막 음을 가늘게 뽑아 그 음을 입안에 담은 채 뒤의 낱말과 연결하는 것이다. 시낭송가들은 보통 시구와 시구 사이, 시행과 시행 사이를 똑똑 끊어 읽는다. 그러나 때에 따라서는 연음으로 연결해 읽을 줄도 알아야 한다. 특히 유성음인 'ㄴ'과 'ㄹ' 받침의 낱말에서 연음 효과가 두드러진다. 끊어서 낭송하는 것보다는 연음을 활용하면 음률의 율동감이 훨씬 더 생긴다. 연음을 잘 활용하는 낭송가는 드물다.

:: 여음

여음이란 행의 끝에서 마지막 낱말의 음을 단음으로 딱 끊지 않고 길게 여운을 살리면서 잦아졌다가 다음 행으로 넘어가는 것을 말한다. 연음과 다른 점은, 여음은 여운이 잦아져서 소리가 끝났다가 새로 시작되는 것이고 연음은 소리가 끊어지지 않고 그대로 이어지는 것이다. 물결은 토막토막 끊어져서는 파동이 되지 않는다. 리듬은 연결감이 만드는 것이다. 그렇다고 모든 시구들을 연음으로 읽고 모든 행들을 여음으로 읽어 버리면 금방 식상해지고 오히려 음률은 칙칙해진다. 필요에 따라 적절히 이었다가 끊었다가 해야 한다.

:: 함음

함음은 터지고 싶은 말을 참는 소리다. 참다가 나오는 말은 더 귀 기울이게 한다. 시를 소리로 표현하는 시낭송가는 시의 표현에 알맞은 소리를 조음하는 기술자이기도 하다.

:: 토음

토음이란 미리 숨을 들이쉬어 소리를 입안에 잠시 머금고 있다가 숨을 뱉으면서 소리를 함께 발성하는 것을 말한다. 한 시행의 첫 낱말을 발성할 때 편안한 호흡으로 시작하는 것이 보통이다. 시에 따라서는 토음하는 것이 효과적인 경우도 있다.

어떤 시를 낭송하면서 첫 낱말부터 강한 색채를 주고 싶을 때 그냥 힘주어 발음하는 것보다는 소리를 토하면서 폭발음의 인상을 준다. 그리고 행에서 행으로 옮겨 갈 때도 경우에 따라서는 한 행의 끝에서 숨을 쉬지 말고 멈추고 있다가 그대로 다음 행의 첫 마디에서 토하면 전혀 다른 어감이 만들어진다. 소리가 입안에서 한 바퀴 굴러서 나오는 듯하다. 시낭송가는 소리를 뱉기만 할 줄 알아서는 안 되고 소리를 머금을 줄도 알아야 한다.

10 낱말에 말맛을 살려라

시어의 낱말은 시집 속에 있을 때는 뜻으로만 남아 있지만 이것을 소리로 내면 낱말마다 울림이 있고 그 울림에 따르는 색감과 향기가 있다. 어떤 시든 낭송은 시어의 각 낱말이 울리는 음향을 반영하여야 한다. 시구나 시행에 고저, 강약 등을 강조할 때도 각 낱말의 음향을 살려 가면서 하여야 전체적인 리듬감도 살아난다.

시에 따라서는 전체적인 격정으로 읽어야 하는 시가 있고, 잔잔하게 읽어야 할 시도 있다. 특히 잔잔하게 읽을 때는 낱말 하나하나에 정감이 묻어 있어야 한다. 낱말 하나하나의 정감으로 시의 리듬을 일구고 시의 감정을 고양시켜야 하는 것이다. 시를 아무리 잔잔하게 낭송해도 낱말마다 정감을 살리면서 전체적으로는 고저, 강약 같은 무늬가 생기고 단조롭지 않으면서 생체가 난다. 시낭송가의 큰 자질 중의 하나는 시어에 꽃가루를 묻히듯 정감을 묻히는 일이다.

11 개성 있는 낭송을 하라

시낭송 전문가들이 낭송하는 것을 들으면 대개 음조나 어조가 비슷하다. 이것이 지금까지 시낭송의 큰 병폐로 지적되고 있는 점이다. 시는 이런 식이어야 한다는 고정관념을 버려야 한다. 시낭송의 틀을 깨야 한다. 시낭송에는 어떤 격식이나 패턴이 있다는 생각부터 없애야 한다. 시는 얼마든지 다르게 낭송할 수 있는 것이고 그럴수록 좋은 것이다.

시를 개성적으로 낭송하기 위해서는 그 시에 대한 자신의 느낌이 개성적이어야 한다. 같은 시라도 고저, 강약 등이 남과 같은 음조여서는 안 되고 리듬이 남의 장단을 따라가고 있어서는 안 된다. 시를 자기 나름으로 분석하여 자기만의 감정을 살려야 한다. 자기만의 감성의 낭송이 아니고는 호소력을 기대할 수 없다. 자기만의 리듬을 만들려면 때로는 구두점이나 행 바꿈을 대담하게 무시할 줄도 알아야 한다.

시낭송에는 수십 가지의 낭송법이 있다는 인식과 그 수십 가지의 낭송법 중 자기 것을 스스로 찾아낼 줄 아는 자질 없이는 개성 있는 낭송의 능력이 생기지 않는다. 그럴 능력이 없으면 결국 남의 흉내밖에 못 내는 것이다. 자기 스타일로 낭송하라.

12 목적에 맞게 낭송하라

시낭송은 목적에 맞게 낭송해야 한다. 낭송대회를 위한 것인지, 공연을 위한 것인지, 일반적인 낭송인지, 영상시 낭송인지에 따라 다르게 낭송해야 한다. 시낭송대회에서는 심사위원과 청중들에게 감동을 주어야 한다. 감동이 없는 일반적인 낭송으로는 높은 점수를 받을 수 없다. 크레센도와 데크레센도, 포즈, 클라이맥스 등을 활용하여 감동을 주어야 높은 점수를 받을 수 있다. 일반적인 낭송은 행사의 목적, 청중의 연령, 낭송 장소에 맞게 유연성 있게 하면 된다. 영상시 낭송의 경우는 배경음악과 동화되어 편안하게 낭송해야 한다. 과도한 감정이입이나 클라이맥스 등을 활용하면 부자연스럽다.

13 밝은 표정으로 하라

표정도 언어다. 시낭송가들의 표정은 시의 표정이다. 시낭송가들은 무슨 시든 대개 엄숙하게 낭송한다. 시는 엄숙하기만 한 것은 아니다. 그런데도 시낭송 무대에 세우면 표정들이 굳어져 있다. 시는 거룩한 것이라는 선입관 같은 것이 낭송가들에게 있다. 게다가 긴장감이 더해져서 표정마다 딱딱해진다. 그러다 보니 듣는 사람들도 대개 엄숙한 얼굴들이 된다. 그래서 시낭송회는 무겁고 침통하기만 한 마당이 된다.

얼굴은 발성을 돕고 몸은 감정표현을 돕는다. 얼굴이 굳어지면 음성의 발성기관들이 함께 경직되어 소리의 자연스러운 표현을 방해한다. 그리고 몸도 따라 굳어져 몸으로 낭송해야 하는 감정표현에 지장을 가져오기도 한다. 낭송가의 딱딱한 표정은 청중들을 굳어지게 만든다. 시낭송은 청중들을 편안하게 해야 한다. 그러자면 편안한 낭송이어야 하고 편안한 표정이어야 한다. 시는 엄숙 대신 기품 있게, 심각 대신 품격 있게 낭송해야 한다.

낭송에서 목소리 다음으로 중요한 것은 표정이다. 특히 눈이다. 눈을 때로는 부드럽게, 때로는 심각하게, 어떤 때는 한 점을 응시하는 등 표정이 뒤따라야 한다.

시낭송은 즐거움이다. 낭송하는 사람도 듣는 사람도 즐거워야 한다.

14 불필요한 동작은 하지 마라

몸으로 시를 낭송하라고 했지만 무슨 동작을 섞으란 말은 아니다. 시낭송을 하면서 가끔 손짓을 하거나 왔다 갔다 걸으면서 낭송하는 사람들을 본다. 시 내용에 따라서 자연스럽게 손이나 몸으로 가벼운 동작을 하는 것은 시의 감흥에 공감을 불러일으키는 데 도움이 되는 경우가 있다. 그러나 이것은 어디까지나 시흥에 겨워 자연 발생적으로 움직여지는 동작이어야지 조금이라도 꾸민 동작이어서는 안 된다. 감정이 몸을 움직여야지 몸이 감정을 움직여서는 안 된다. 격정적인 목소리로 시를 낭송하면서 몸에서는 아무 격정이 나타나지 않으면 오히려 어색하다. 그러나 그것이 과장된 것이거나 부자연스럽거나 할 때는 혐오감을 준다. 이뿐만 아니라 불필요한 동작은 시의 감정표현에 방해가 된다. 한두 발짝 살짝 걸음을 옮기는 것은 시의 분위기 변화에 도움이 될 수 있다. 그러나 낭송가가 계속 움직이면 정확한 발음과 감정표현을 하지 못할 뿐 아니라 청중 입장에서 볼 때 낭송가의 동작이 주의를 산만하게 하여 시에 대한 집중력이 떨어진다.

15 시에 맞는 배경음악을 선택하라

시낭송을 녹음으로 들으면 배경음악이 들어 있다. 시낭송의 배경음악은 그 시의 분위기를 북돋아 주는 효과가 있다. 낭송가의 목소리를 배경음악이 상승시켜 그 표현이 한층 선명하고 강렬한 것이 되기도 한다.

그렇다고 배경음악이 시낭송의 하나의 화장술이 되어서는 안 된다. 서투른 낭송을 분칠하기 위해 음악을 이용하는 수가 많다. 이런 때는 시를 낭송가가 낭송하는 것이 아니라 음악이 낭송하는 것이다. 시의 음악성을 낭송으로 살려야 하는데 음악이 대신 살리는 것이 된다. 시낭송에서 음악은 때로는 낭송을 방해하기도 한다.

배경음악은 노래의 반주 같은 것일 수 있다. 그러나 이미 작곡된 명곡 중에서 한 부분을 차용해 오는 경우가 대부분이다. 이런 곡들이 시의 시감이나 시흥에 완벽하게 합치하기는 어렵다. 그래서 선부른 배경음악은 시를 오히려 왜곡시키고 훼손시킬 우려가 있다. 꼭 필요한 경우에는 시에 맞추어 새로 작곡되어야 한다.

배경음악의 효과는 어느 정도 인정하지만 완전한 시낭송에는 음악이 부수되지 않는 것이 좋다. 그만큼 시낭송 자체로서 순수해야 한다. 시낭송 자체가 음악이다. 그래서 시낭송대회에서는 배경음악을 넣지 않는다. 배경음악이 들어 있는 시낭송을 듣다가 육성만의 낭송을 들어보라. 얼마나 명료하고 호소력이 있는가. 시낭송을 전문으로 하는 낭송가들은 배경음악이 방해가 될 만큼 전문적이지 않으면 안 된다.

제4장

시낭송 교육과 시낭송대회

01 실기교육이란

우리는 일상생활에서 「이론과 실제」라는 말을 자주 사용한다. 교육의 대상이 되는 내용을 구분할 때는 「이론과 실기」라는 개념이 사용된다. 두 개념은 상호 연관되어 있어서 어디까지를 이론적인 내용이라고 하고, 어디서부터를 실제적인 내용이라고 구분하기 어려운 경우도 있다. 교육방법적인 측면에서는 이들은 차이가 있다. 이론성과 실제성이라고 하는 기준에 따르면 이론 교과와 실기 교과로 구분할 수 있다.

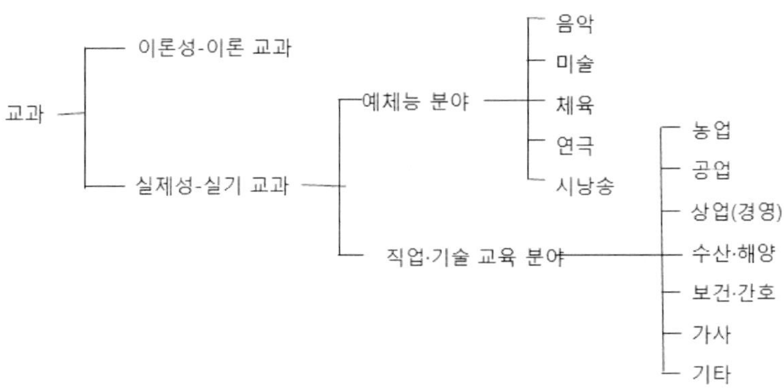

실기의 사전적 의미는 「실제의 기능이나 기술」이다. 기능이란 학습한 개념이나 원리를 효과적으로 자유롭게 활용하는 능력, 또는 신체적 활동이나 학습 과제의 수행에서 보이는 정교성과 협응성, 즉 어떤 일을 유능하게 행하는 학습된 능력을 의미한다.

기술이란 인간의 환경에 적응하거나 환경을 개선하기 위한 정신적·신체적 활동이며, 사회적·경제적·역사적 상황과 상호작용하는 인간의 생산적 실천에 관한 지식의 총체라고 할 수 있다. 따라서 실기는 광의로 해석하면 실제의 기술로 정의할 수 있고, 협의로 해석하면 기능이라고 정의할 수 있다.

실기교육은 실습을 통하여 이루어지는데, 실습이란 기능을 일정 수준까지 숙달하도록 하고 일에 대한 올바른 태도와 습관을 갖도록 하기 위하여 계속적이고 반복적으로 실행하는 육체적·정신적 활동을 의미한다.

실기교육의 내용은 농업, 공업, 상업을 비롯해서 예체능 등 각 직업 영역에서 필요로 하는 능력 중에서 사용 빈도와 교육적 가치가 높은 것을 선정한다. 구체적으로는 상업의 경우 사무처리, 회계, 컴퓨터 등에 관련된 기능을, 가사의 경우에는 양재나, 조리 등에 관한 기능을, 예체능 분야에서는 음악의 연주, 그림 그리기, 운동의 숙련, 시낭송 등을 실기교육을 통해 습득한다.

주로 기능적 영역에 속하는 능력을 키워 주기 위한 실기 교과는 교수방법, 매체, 학습상황 등이 이론 교과와는 매우 상이하다. 교육기관은 학생들에게 직업적 성취를 통해 자아실현을 할 수 있도록 필요한 기초 능력 개발에 많은 관심을 두어야 한다. 이를 위해서는 효율적인 실기교육이 매우 중요하다. 따라서 실기교사는 본격적인 학습지도에 앞서서 학생의 개인적 상태를 파악해서 적절한 교수진을 배치해야 소기의 목적을 효과적으로 달성할 수 있다.

02 학습이론의 이해

올바른 실기 수업을 계획하고 전개하기 위해서는 우선 학습에 대한 이해가 선행되어야 한다. 학습이론은 여러 가지 유형으로 구분할 수 있다.

먼저 행동주의 입장에서 학습이란 환경의 조성에 따른 학생의 행동 변화라고 규정할 수 있다. 행동주의의 대표적인 학습이론으로는 손다이크의 시행착오설, 파블로프의 고전적 조건반사설, 스키너의 작동 조건화설 등이 있다. 시행착오설로부터는 효과의 법칙, 연습의 법칙, 준비성의 법칙을 시사 받을 수 있다. 고전적 조건반사설에서는 강화의 원리, 간격의 원리, 일반화의 원리 등과 같은 학습원리를 얻을 수 있다. 한편 스키너의 작동 조건화설에서는 학습과 관련해서 강화와 소거의 개념이 중요하다.

인지주의 입장에서 학습이란 이해를 통한 학생의 인지구조 변화라고 할 수 있다. 인지주의 대표적인 학습이론으로는 쾰러의 통찰설, 레빈의 장 이론, 톨만의 기호-형태설, 정보처리 이론 등과 같은 것이 있다. 정보처리 이론에 의하면 학생이 직면하게 되는 여러 가지 형태의 자극들은 부호화 → 저장 → 재생이라고 하는 단계를 거친다.

인간주의자들에게 있어서 교육의 주요 목표는 전인발달에 있다. 인간주의 사람을 돕고, 이해하고, 그들의 능력과 잠재력을 충분히 발전시켜 나가도록 하는 것을 목적으로 한다. 매슬로는 인간의 욕구를 그 강도에 따라 나누었는데, 즉 생리적 욕구, 안전의 욕구, 사회적 욕구, 존경의 욕구, 자아실현의 욕구, 인지적 욕구, 심미적 욕구 등의 일곱 가지의 단계로 이루어져 있다. 로저스의 학습이론에 따르면 인간은 학습하려는 생리적 욕구와 호기심이 있으므로, 학생의 학습은 자기주도적이 될 때 보다 효과적으로 이루어진다. 인간주의 학습이론을 통해서는 자기결정의 원리, 자기평가의 원리, 지와 정의 통합원리, 위협으로부터의 해방 원리 등과 같은 것을 찾아볼 수 있다.

03 실기 수업 과정의 모형

학습이란 어떤 활동, 훈련, 관찰과 같은 경험에 의하여 행동이 영속적이며, 진보적으로 변화하는 과정이다. 교수란 학습이 잘 이루어지도록 그에 적합한 환경을 조성하고 이끌어 가는 과정이다.

수업은 학생에게 바람직한 행동의 변화가 일어날 것을 기대하면서 교사와 학생 간에 이루어지는 계획된 활동이다. 수업을 효과적으로 진행하기 위한 수업과정 모형에는 여러 가지가 있다.

한국교육개발원(KEDI)이 제시한 모형은 계획, 진단, 지도, 발전, 평가에 이르는 5단계로 구성되어 있다.

1. 계획단계	→	2. 진단단계	→	3.지도단계	→	4. 발전단계	→	5. 평가단계
-학습과제 분석 -수업계획 -실천계획		-진단평가 실시 -분류 -심화교정 학습		-도입 -전개 -정착		-형성평가 실시 -평가결과 토의 -분류 -심화보충 학습		-총괄평가 실시 -결과검토 -결과활용

방법과 자료는 수업에 따라 서로 다르지만 여러 가지 형태의 수업에 잘 적용될 수 있는 수업모형으로 4단계 모형을 들 수 있다. 이 4단계 실시지도 모형은 4단계 교수법이라 부를 정도로 직업교육 분야에서 잘 알려진 모형이다.

준비단계 → 제시단계 → 응용단계 → 평가단계

준비단계에서는 교수 준비를 한 후 학생의 흥미와 학습 동기를 유발하며 제시단계에서는 실기 시범을 보여 준다. 응용단계에서는 개별 실습을 하고 평가단계에서는 실기 시범을 보여 준다. 응용단계는 개별 실습을 하고 평가단계는 실습 결과를 학생 간에 공동으로 평가하게 된다.

기능 교육을 위한 이론에 따라 워드프로세싱 수업과정 하위모형의 단계는 선수 요소 확인, 단원 전체 개관, 관련 지식 이해, 확인학습, 관계 지식 지도, 실습, 자기평가, 총괄평가의 순서로 진행된다.

04 수업계획과 수업목표

수업계획 시에는 학생 간의 개인차, 장단기 계획의 구별, 경제적 효과, 교육공학의 활용 등을 고려하여 학생의 필요와 흥미를 파악하고, 학생 성취 목표를 설정하며, 학습단원을 개발하고, 학습 지도안을 작성하며, 교수・학습 자료를 선정하고, 평가 절차를 선택하는 순으로 계획을 하게 된다.

수업목표란 학습 과정 혹은 경험을 통하여 학생에게 이루고자 하는 행동의 변화를 뜻한다. 수업목표의 기능은 학생이 학습과정을 끝마쳤을 때 학생 스스로가 일을 수행할 수 있는 상태, 학생들의 학업 성취를 평가하기 위한 기준, 학생들이 성취하여야 할 수준과 범위, 교사들이 수업을 체계적으로 전개하기 위한 지침이 되는 것 등이 있다.

직무분석을 통하여 직업 현장에서 분석된 작업들과 작업 성취 수준은 학생의 여러 가지 제약과 조건에 따라 취사선택되거나 조정되어 수업목표로 사용될 수 있다.

교육목표 분류 방법에는 블룸의 분류 방법과 메이거의 분류 방법이 있다. 블룸은 교육목표를 인지적 영역, 정의적 영역, 심리 운동적 영역으로 분류하였고, 메이거는 교육목표를 식별력, 문제 해결력, 기억의 재생, 조직력, 언어 표현력 등의 다섯 가지 유형으로 분류하였다.

수업목표의 진술 방법에는 그론런드식, 메이거식 등이 있다. 어느 진술 방법을 택하든 간에 행동목표로 진술하는 것이 바람직하다. 수업목표는 배가 항해할 때 나침판이 방향을 가르쳐 주듯이, 수업 전개에서 학생들이 궁극적으로 성취하여야 될 도착점 행동 특성을 명시하기 때문에 주의 깊게 설정되고 진술되어야 한다.

05 교수·학습 방법

수업을 전개해 나가는 데 있어 가장 효과적인 교수법이 무엇이냐 하는 것을 획일적으로 결정할 수는 없다. 교수 방법도 교사가 변화시키고자 하는 학생들의 특성이 무엇이냐에 따라 효과적인 교수·학습 방법은 다르기 때문이다.

교수·학습 방법은 학습 목표, 학생의 특징, 학급 규모, 학습 내용, 자원의 활용 가능성, 가용 시간, 교사의 교수법에 대한 지식에 따라 선정된다. 일반적으로 교사는 주어진 수업목표를 달성하기 위하여 다양한 교수법을 사용하는데, 실기를 지도하는 교수법에는 강의법, 토의법, 실연법, 시범, 시뮬레이션, 문제 해결법, 프로젝트법, 협동 교수제, 역할 연기, 이러닝, 모듈식 수업 등이 있다. 많은 학생들에게 가장 짧은 시간 내에 관계 지식 등을 교수하는 데 효과적인 강의법은 학생들의 참여를 이끌어 내기가 힘들다는 단점이 있다.

교사가 주도적으로 하는 교수법에는 강의법, 실연법, 시범을 들 수 있으며 창의적인 능력을 길러 주는 데는 문제 해결법, 프로젝트법, 토의법, 플립 러닝이 효과적이다. 최근에는 여러 교사들이 협동하여 한 학생을 지도하는 협동 교수제와 컴퓨터의 도움을 받아 학생이 스스로 학습하게 하는 이러닝과 모듈 수업이 관심을 모으고 있다.

06 실기 평가

모든 인간의 활동에는 평가가 따르듯이, 실기 지도에 있어서 실기 평가라는 것은 필수 요소이다. 실습 지도는 실기 평가를 하여 완성된다고 해도 과언이 아니다. 평가란 끊임없이 목표에 비추어 판단을 내리는 과정이라고 한다.

합리적인 평가를 하기 위해서는 여러 가지 과학적인 원리에 입각해야 하고, 정확한 절차에 따라서 평가가 실천되어야 한다. 평가가 실천되기 위해서는 먼저 학습 목표가 확인되고 평가를 어떤 상황에서 실천할 것인가를 결정해야 한다.

그리고 평가의 스케줄이라고 할 수 있는 평가 계획표를 작성해야 하며, 이에 따라 무엇을 평가할 것인지, 무슨 정보를 찾을 것인지를 밝히는 작업이 있어야 한다. 이어서 실제로 정보를 수집하기 위한 도구, 즉 평가도구가 작성되어야 하고, 과학적인 평가도구 분석을 거친 후 검사라는 형식을 통해서 정보를 수집하여야 한다.

이렇게 얻어진 정보는 의미 있게 표현되고 종합되며, 목적에 비추어 해석하고 활용하게 된다. 이렇게 해서 목표에서 다시 목표를 확인함으로써 평가의 한 사이클은 이루어지게 된다. 평가의 절차상 강조해야 된다고 생각하는 평가도구의 작성과 영역별 평가의 실천 방법에 특히 비중을 크게 두었다. 따라서 평가란 목표를 위해서 사용되는 수단임을 잊어서는 안 된다. 평가를 위한 평가이어서도 안 되고 실기 지도의 목표인 학생들의 능력 향상을 위한 수단이어야 한다.

시낭송에 있어서의 실기 평가는 대내적으로는 지도교수로부터 평가를 받는 방법과 대외적으로는 시낭송대회 참여를 통한 평가와 시낭송지도사 민간자격에 도전하여 평가를 받을 수도 있다.

07 시낭송 교육 대상

:: 성인

시는 눈으로 읽는 것이 아니라 마음으로 읽어야 한다. 공자의 논어 위정편에 보면 "시 삼백 사무사(時 三百 思無邪)"라는 말이 있다. 이 말은 "좋은 시 삼 백 편을 읽으면 마음속에 비뚤어진 생각이 없어진다"라는 뜻이다. 성경의 요약본이라고 하는 시편은 은유와 비유의 천국이다. 시는 절제되고 함축된 언어로 되어 있다. 마음이 어지럽고 산만할 때 좋은 시를 읽으면 마음이 차분하게 가라앉고 정리가 되는 것은 시에 쓰인 언어들이 절제되어 있고 여백에서 주는 여유로움이 있기 때문이다.

시가 인간의 감정을 높인 감동의 소리, 즉 인간의 소리이고, 그 사람의 생각을 안으로 다지는 일이 시를 짓는 일이라면 시낭송은 활자화된 시에 운율을 살려 그 시가 가지고 있는 시의 향기를 다른 사람들에게 가슴으로 실어 나르는 일이라 할 수 있다.

시낭송 교육은 오늘날 우리가 상실한 현대사회의 여러 가지 정체성과 인간성을 시낭송을 통해 감동으로 정화하고 회복함으로써 나와 너, 나와 이웃, 나와 자연과의 관계성을 회복시켜 준다.

최근 우리나라에서 시낭송 붐이 일고 있다. 각종 문화단체 및 지

자체에서 시낭송대회가 전국적으로 열리고 있다. 대표적인 전국 시낭송대회는 재능낭송대회, 청마 유치환 시낭송대회, 박경리 시낭송대회, 부산시단 시낭송대회, 윤동주 시낭송대회, 한용운 시낭송대회, 금오 시낭송대회 등 120여 곳 이상에서 열리고 있다.

우리나라에서는 아직 대학 정규과정에서 시낭송학과는 없지만 대학 평생교육원과 시낭송단체, 문화센터 등에서 시낭송아카데미 강좌를 열고 있다. 시낭송의 수요는 늘어나고 있지만 전문적으로 시낭송을 가르칠 전문가가 부족한 실정이다. 따라서 시낭송을 전문적으로 가르칠 수 있는 시낭송지도사를 육성해야 한다.

:: 학생

학교에서도 시낭송 붐이 일고 있다. 그러나 학교에서 시낭송을 가르치는 시간도 가르치는 전문교사도 따로 없는 실정이다. 시낭송 경연대회의 학생부에 출전하는 학생들은 대부분 시낭송가 또는 부모로부터 지도를 받는다. 그래서 자녀들을 위해 부모들이 시낭송 교육을 받기도 한다. 재능교육 주최 시낭송 경연대회가 처음에는 어머니 시낭송 경연대회로 시작된 것은 자녀들에게 시낭송을 가르칠 어머니들을 양성하기 위해서였다.

재능교육은 학생들의 시낭송을 직접 지도할 교사들을 교육하기 위해 2015년부터 지도 교사 강좌를 개설했다. 방학 동안을 이용해 희망하는 초·중·고 교사들을 상대로 시낭송가들이 1주일 동안 무료로 실습 위주의 강의를 해 오고 있다.

2015년에 「인성교육진흥법」이 제정되었다. 학교에서는 음악, 미술, 체육, 독서 등 모든 방법을 동원해 인성교육에 활용하고 있다. 시낭송은 인성교육에 아주 좋다. 좋은 시를 읽고 또 외워서 암송하는 것은 인성을 일깨우고 심금을 울려 주기 때문이다. 좋은 시는 짧은 시간에 사람의 마음을 움직이는 큰 힘이 있다. 좋은 시를 선정해 아이들에게 많이 들려주고 교내 시낭송대회를 통해 시를 낭송할 수 있는 동기부여를 해 주면 그보다 효과적인 인성교육은 없을 것이다.

프랑스에서는 초등학교 교육과정부터 많은 시를 암송시키는 것으로 알려져 있다. 시를 그냥 읽히는 데 그치지 않고 암송하게 하는 것은 시를 이해시키기 이전에 시를 체득시키기 위한 것이다. 시를 분석하고 해부하면서 배우는 것이 아니라 시를 송두리째 몸에 배게 하는 것이다. 시구의 뜻으로 시의 내용을 따지게 하는 것이 아니라 리듬으로 시의 본질을 익히게 하는 것이다. 1년에 수십 편의 시를 외우며 초등학교 과정을 졸업하는 프랑스인들의 정신세계가 얼마나 풍요로운지 알 수 있다. 인간의 정신세계가 빚어내는 모든 활동의 기초에는 시가 있는 것이다. 유네스코는 1999년 시적 표현을 통해 언어의 다양성을 증진시키고자 3월 21일을 '세계 시의 날'로 선포했다. 향후 초·중·고생 및 대학생 들이 시낭송에 대한 관심이 크게 증가할 것으로 예상된다.

:: 어르신

한국 사회는 급격히 고령화되고 있다. 고학력 퇴직자는 여유와 시간을 즐길 곳이 마땅하지 않다. 특히 여성층은 더욱 두드러진다.

남자보다는 경제적 실권을 가진 나이기 때문이다. 각종 문학단체와 평생교육원을 통하여 시창작 및 시낭송 공부를 하고 있다.

최근 시창작보다 시낭송 인구가 많아지고 있는 추세다. 문화단체 및 지자체 등 시낭송대회가 날로 증가하고 있다. 한국인 성격이 노래를 좋아한다. 시낭송은 노래의 성격과 많이 닮았다. 대중 앞에서 발표한다는 것은 남다른 매력을 가진다. 그것은 소통이며 대중과의 호흡으로 연결되는 매력도 있다. 이러한 소통의 문화는 매우 바람직하다. 문화라는 것은 늘 물 흐르듯이 변하기 마련이다. 한 방울, 물의 꿈은 바다로 가는 것이다. 인간도 이와 다르지 않다. 늘 무리와 어울리는 것이 꿈이다.

한편, 이 시대는 산업사회에서 정보화사회로 전환되면서 점점 사회가 복잡해지고 정보화 매체에 종속된 인간으로 되어 감에 따라 인간의 원래 자연의 삶이 사라져 가고 있다. 이로 인해 정신적인 스트레스로 심리적 질환에 많은 사람들이 고통을 받고 있다. 그래서 심리적 치료 방법도 다양하고, 사례분석을 통해 여러 심리상담 치유 방법이 발표되고 있다. 그중에서 시 치료에 대한 연구가 활발하게 진행되고 있다. 시낭송을 통한 노년기의 심리적 치유 상태를 분석한 결과, 고령화가 될수록 심리적 치유 상태가 우수한 것으로 나타났다. 노인대학, 복지관, 요양병원, 요양원 등에서 시낭송 프로그램을 적극적으로 도입할 필요가 있다.

카네기는 "시의 좋은 구절을 암송하는 것만큼 기억력을 좋게 하는 방법은 없다"고 했다. 시낭송을 통해서 노후 삶을 행복하고 건강한 문화로 만들어 나가야 한다.

08 시낭송대회 준비

시낭송을 가까이하고 즐기는 사람도 막상 시낭송대회 출전을 앞두고 당황하게 된다. 어떻게 해야 될지, 제대로 하고 있는지, 시낭송에는 정형화된 심사기준은 없지만 기본은 있다. 각 대회 심사기준을 사전 분석하여 철저하게 준비해야 한다.

:: 시의 선택

시낭송대회에서 시의 선택은 매우 중요하다. 시의 선택이 낭송능력의 기본 기준이 되는 것은 어떤 시를 고르느냐가 낭송가의 시에 대한 안목을 가늠해 주기 때문이다. 일반적으로는 시에 대해 얼마만큼의 식견이 있느냐를 알려면 그가 어떤 시를 좋아하는지를 알면 된다.

시낭송가는 시에 대한 상당한 소양이 없이는 시를 소리로 잘 전달하기 어렵다. 완성되지 않은 시는 좋지 않다. 그렇다고 명시라고 반드시 좋은 낭송시는 아니다. 문학적으로 명시로 평가된 작품에는 비대중적인 것이 많다. 시낭송 경연대회에서 심사원들은 낭송시의 선택을 매우 중요하게 본다. 너무 평범하다거나 시의에 맞지 않는 시를 낭송하는 사람은 좋은 평가를 받지 못한다.

시낭송 경연대회는 시에 대한 소양을 테스트하는 것이 아니라 시낭송의 기량을 테스트한다. 낭송시가 시로서 너무 미흡하다거나 너무 진부하다거나 할 경우에는 청중에게 감동을 주기 어렵다. 어떤 시를 선택해야 가장 호소력 있게 감흥을 전달할 것인가 하는 시의 선택은 시낭송의 출발점이다. 그러나 심사위원이나 청중들은 너무 자주 듣는 시를 식상하게 여긴다. 낭송가들은 새로운 시를 찾는 심안을 길러 새롭고 참신한 시를 많이 발굴해야 한다.

평이한 시

읽는 시와 듣는 시는 다르다. 눈으로 읽어 좋은 시가 있고 귀로 들어 좋은 시가 있다. 귀로 들어 좋은 시는 무엇보다도 우선 알아듣기 쉬운 시다.

시에는 주정적인 시가 있고 주지적인 시가 있다. 일반적으로 주지적인 시는 낭송으로 전달하기 어렵다. 낭송이 듣는 사람들에게 공감을 불러일으키기 위한 것이라면 그 시가 평이해야 공감하기 쉽다. 시낭송이 시적 이해력을 가진 특정한 계층만을 상대로 하는 것이 아니라면 일반 대중이 접근하기 쉬운 시부터 시작하는 것이 좋다. 그래야 듣는 사람이 시에 대한 친근감을 느끼게 되고 시낭송에 호감을 가지게 된다. 그리고 낭송가도 쉬운 시의 낭송을 통해 시를 충분히 이해시키는 훈련을 쌓아 가는 것이 바람직하다. 그렇다고 해서 무조건 쉬운 시만 고르라는 것은 아니다. 시적 완성도가 높은 시 중에서 전달력이 있는 시를 선택하는 것이 좋다.

노래가 있는 시

시는 음률감과 리듬감이 두드러지는 시일수록 그 음악성을 살릴 때 낭송을 통한 감응력이 크다. 가장 리드미컬한 시가 가장 읊기 좋은 시다. 그리고 가장 듣기 좋은 시다. 노래가 가사 없이도 음악이 되듯이 시는 음률 자체가 시의 본체다. 노래성만으로도 시는 아름다운 것이다.

사실 현대 시는 노래가 없어져 간다. 그래서 시낭송가들은 자꾸만 노래가 있는 고전 명시로 회기하고 싶어 한다. 시낭송에 있어서는 노래성이 있어야 한다.

감정의 기복이 있는 시

시낭송은 감정의 이입이다. 시 속에 내포된 감정을 듣는 사람에게 전달하는 것이다. 감정을 차분히 내재시켜 시를 낭송하건 격렬하게 표출시켜 낭송하건 얼마나 감동을 주느냐에 달린 것이다. 일반적으로는 열의 전도처럼 감정의 온랭이 심할수록 전달력이 강하다.

노래는 음의 고저와 장단과 강약의 조합이다. 시낭송은 노래이므로 고저와 장단과 강약이 두드러질 때 훨씬 큰 감응을 일으킨다. 그러나 아무 시나 다 고저와 장단과 강약을 줄 수 있는 것은 아니다. 무슨 시든 잔잔한 물결 소리로 낭송하는 사람이 많은데, 그렇게 낭송하더라도 낱말 하나하나의 정확한 발성으로 시구의 전달이 확실하고 또 시의 낱말 자체가 가진 감정이 충분히 우러난다면 공감을 줄 수 있다. 감정이 물결칠수록 시는 생동감이 있다.

모든 예술의 기초는 빛과 그림자의 대조다. 시낭송도 그 자체로 예술의 경지에 이르자면 음영이 짙어야 한다. 이 음영을 만드는 것이 감정의 기복이다. 시낭송가는 시의 언어에 음감으로 색칠하는 사람이다. 시구 하나하나에 색감을 줄 뿐 아니라 행과 행 사이, 연과 연 사이에 빛과 그림자를 만들어 내어야 한다. 그 빛과 그림자가 다채로워야 한다. 특히 서정시나 명상시의 경우에는 무리한 힘이 들어가는 낭송법은 금물이다. 한 편의 시의 맛을 내려면 그 시의 리듬과 그 시의 기분의 변이를 주의 깊게 뒷받침하는 것이 중요하다. 낭송의 맛을 살리기 위해서는 감정의 기복이 있는 시를 선택하여 기복 있게 낭송하는 것이 효과적이다.

스토리나 드라마가 있는 시

시에는 서시도 있고 극시도 있지만, 그런 장편시가 아닌 단시에도 그 속에 스토리가 있고 드라마가 있는 시가 있다. 이야기가 있는 시는 평이감을 주고 드라마가 있는 시는 기복감을 준다. 그런 설화성이 있는 시는 듣는 사람이 이해하기도 쉬울 뿐만 아니라 금방 감흥이 생긴다. 그리고 재미가 있다. 재미는 시와 친화력을 강화시킨다.

시낭송은 단조롭지 않아야 한다. 단조로움을 깨려면 낭송기법의 다양한 변화로 감정표현에 하나의 드라마를 만들어 낼 줄 알아야 한다. 시낭송은 그 자체가 하나의 조그만 드라마다.

자기 목소리에 어울리는 시

명배우라고 아무 역이나 잘하는 것이 아니듯이 아무리 명낭송가라도 아무 시나 잘 낭송하는 것은 아니다. 다른 사람이 감동적으로 낭송한다고 해서 자기도 반드시 감동적으로 낭송할 수 있는 것은 아니다. 많은 사람들이 애송하는 시라고 해서 다 자기에게 낭송하기에 알맞은 것은 아니다. 시를 낭송하는 사람에게는 각자 자기 음색이 있고 자기 취향이 있다. 시적 감정이나 감응력이 각자 다르다. 자기 목소리에 맞지 않는 시는 남의 목소리로 낭송하는 것과 같아서 절대로 남을 감동시킬 수 없다.

그러나 시의 취향은 다양한 시를 많이 낭송해 봄으로써 부분적으로 바뀔 수 있다. 음색은 바꾸기는 힘들지만 취향은 바뀐다. 자기 취향에 맞는 시만 고집하다 보면 낭송의 폭에 한계가 생긴다. 무슨 시를 낭송해도 똑같은 시로 들리게 된다. 많은 시를 접하여 자신의 목소리를 바꾸어 가면서 낭송의 폭을 넓혀 가야 한다.

낭송시의 길이

너무 짧은 시는 음감이나 음률의 변화가 적어 시적 감흥을 일으킬 시간적 여유가 없고 낭송가가 자기 기량을 충분히 발휘할 기회가 적다. 그래서 경연대회 같은 데서는 참가자들은 긴 시를 선호한다. 경연대회에서는 대개 낭송 시간이 3분 이내로 제한되어 있으나 갈수록 낭송시가 길어지는 경향이 있다.

그러나 너무 긴 시는 낭송 중에 혹시 구절을 잊어버리지 않을까 하는 조바심 때문에 암기에 급급한 나머지 자신의 감정표현을 여유롭게 할 수가 없다. 그리고 그것이 아무리 명시라도 너무 길면 듣는 사람에게 지루한 감을 주기 쉽고, 비슷한 감정의 기복이 되풀이 되면 전체적으로 오히려 단조로워진다. 시낭송은 기억력의 경쟁이 아니므로 공연히 긴 시로 실수를 자초할 필요는 없다. 경연대회가 아니더라도 시낭송 중에 구절이 막히면 시흥이 깨져 버린다. 심사위원들은 제목과 처음 몇 행만 들어 보면 금방 기량을 파악한다. 굳이 길지 않더라도 시감을 살릴 수 있는 시가 얼마든지 있다.

원본 시낭송

시낭송에서 낭송가는 그 시의 시어를 한마디도 바꾸지 못한다. 시는 한 자라도 고치면 그 시인의 시가 아니기 때문이다. 원본 시를 낭송해야 한다. 일부 시낭송대회에서는 원본 시를 낭송하지 않을 때는 감점을 주기도 한다. 그러면 원본 시는 어떤 것인가. 원문에 삽입된 낱말의 수정에 대하여 다음과 같이 규정하고 있다.

- 고어나 방언 또는 시인이 만들어 낸 시어는 그대로 사용함을 원칙으로 한다.
- 처음 발표된 시와 재판된 시의 원문이 다른 경우 후자의 수록본을 정본 확정 원칙에 따라 정본으로 본다.
- 맞춤법이나 띄어쓰기 오류 등으로 시의 전달에 문제가 생길 경우에는 현재의 맞춤법 규정에 맞게 고쳐서 발간된다.

시낭송가는 낭송하고자 하는 시가 원본 시인지 아닌지를 확인하여야 한다. 인터넷, 유튜브 동영상에 나온 시는 원본이 아닌 경우가 많다. 보통 시인들은 첫 발표지 원본보다 시선집 낼 때 미진한 부분은 수정하기 때문에 시선집을 우선으로 보면 정확하다. 한 번 잘못 암기한 시어를 수정하기 위해서는 많은 시간이 필요하다.

시인의 시어는 바꾸지 못하지만 호흡은 낭송가의 것이다. 시인은 시에서 행을 바꾸거나 구두점을 찍거나 연과 연 사이를 띄움으로써 시의 리듬을 어느 정도 지시하기는 한다. 원칙적으로 행이 바뀔 때 호흡도 바뀌어야 하고, 구두점에서는 쉬어야 하고, 연이 달라지면 충분한 간격을 두어야 한다. 이런 것이 시 전체의 리듬을 지배한다. 그렇지만 낭송가는 시인의 이 지시에 꼭 구애받을 필요는 없다. 시 낭송의 리듬은 시에 내재된 음률을 기본으로 하되 결국은 시낭송가 자신이 만들어 내는 것이다. 그 시에서 느끼는 자기 나름의 해석을 표현하자면 자기 나름의 리듬이 있기 마련이다. 이를 위해서 행이 바뀐다고 굳이 띄어 낭송할 필요는 없고 구두점이 있다고 해서 쉬어 갈 이유가 없고, 연이 달라진다고 해서 일부러 흐름을 끊을 의무가 없다. 그것이 더 효과적이라면 얼마든지 붙여 낭송할 수 있는 것이 시낭송가의 특권이다. 특히 맞춤법의 띄어쓰기에는 굳이 구애될 필요가 없다. 이것은 시의 음률을 깨기 쉽다.

시는 작자가 모르는 숨은 의미를 가질 수 있는 것이고 감정의 강도에 따라서도 여러 가지 방법으로 낭송할 수 있다. 사실 좋은 시는 아무리 완전한 낭송으로도 다 표현될 수 없는 것이다. 낭송가는 듣는 사람을 충분히 설득시킬 만한 의도적인 편곡이나 변주를 해야 한다. 시가 너무 짧거나 어떤 행을 강조하고 싶다거나 같은 연을 한번 달리 낭송해 본다거나 할 때, 특히 마지막 행이나 연을 후렴처럼 되풀이하고 싶을 때, 같은 연을 반복해서 낭송하는 것도 때로는 효과적일 수 있다.

경연대회 참가 시의 경향

어떤 시낭송이 가장 잘 낭송하는 것인가, 이것을 일률적으로 판정하기가 어렵다. 아무리 여러 가지 기준의 잣대로 견주어도 듣는 사람마다 다를 수 있다. 일반적으로 시낭송대회의 심사기준은 시의 선택, 시의 이해, 시의 표현력(발성, 감정, 태도 등)을 종합해서 평가한다. 또 비슷한 패턴의 시낭송이 만연되는 것을 지양하기 위해 차츰 개성적인 낭송에 많은 점수를 주는 경향으로 심사가 흐르고 있다.

최근 시낭송 경연대회에서 오래된 명시보다는 새로운 시를 발굴하여 낭송하는 경우가 많다. 새로운 시를 자꾸 발굴하여 명시로 정착하는 것도 중요하다. 그러나 오래된 명시들은 고전적인 생명력이 있고 또 청중에게 언제든지 감동을 줄 수 있다. 어느 시의 선택이 좋은가는 경연대회 주최 측의 심사기준을 사전에 파악할 필요가 있다. 물론 시의에 맞지 않는 시, 너무 진부한 시는 피하는 것이 좋다.

☞ 일반적으로 시를 선택할 때 주의할 점

- 계절에 적합한가.
- 듣는 연령층에 맞는가.
- 낭송하는 장소에 어울리는가.
- 낭송가의 성향에 맞는 시인가.

:: 시의 해석

시를 이해하지 못하거든 그 시를 낭송하지 말라. 이것이 시낭송의 철칙처럼 되어 있다. 낭송하는 시의 뜻을 잘 모르고 시를 낭송할 수는 없을 것이다. 시를 충분히 이해한다고 해서 그것만으로 시를 효과적으로 낭송할 수 있는 것은 아니지만 시를 이해하지 못한 채 호소력 있게 낭송하기는 어려운 일이다.

시낭송을 잘하기 위해서는 소리 내어 반복해서 읽고 행과 행, 연과 연 사이와 작품 전체의 숨겨진 의도와 단어에 담긴 이미지, 비유와 상징이 주는 명확한 뜻을 이해하는 노력이 필요하다.

시의 행과 연이 이루어지는 데는 그만한 이유가 있다. 김춘수는 그 이유를 리듬의 단락, 의미의 단락, 이미지의 단락 세 가지로 들고 있다. 즉 리듬을 중시할 경우와 의미를 중시할 경우, 그리고 이미지를 중시할 경우에 따라 행의 구분이 달라진다. 이것은 작가의 의도에 달렸다.

내가 먼저 시를 이해하고 감동받아야 그 감동을 전할 수 있다. 낭송가는 시와 청중 사이에 매개가 되는 전달자인 만큼 시에 대한 이해가 있어야 한다. 가령 한용운의 '님의 침묵'을 선택했다면 작품이 쓰인 연대와 시대배경, 시인의 고향 및 성장배경, 시인의 여러 대표작과 상관 관계도를 알아야 한다. 더욱 시어의 하나하나에 숨은 내포성을 샅샅이 분석해야 한다. 낭송가는 시의 완전한 이해만이 시의 완전한 전달이 가능하기 때문이다.

:: 연습

시낭송가들은 대개 연습만 열심히 하면 낭송이 향상되는 줄 안다. 그러나 무조건 연습만 한다고 되는 것이 아니다. 무엇을 어떻게 연습하느냐가 문제다. 시낭송 연습은 시를 외우기 시작할 때부터 조심할 필요가 있다. 많은 낭송가들은 처음에 시를 한두 번 읽고 별다른 생각 없이 자기 낭송방식을 정하고는 연습을 계속하여 고착시켜 버린다. 잘못 낭송하기 시작했으면 연습을 하면 할수록 그 잘못은 굳어져 버리기 때문이다.

대부분의 시낭송가들은 연습을 시작하면서 자기 스타일로 시 전문부터 외운다. 그렇게 하면 낭송 패턴이 정해져 그 뒤에는 아무리 고치려고 해도 잘 고쳐지지 않는다. 시를 보고 낭송하면서 이렇게도 저렇게도 낭송을 실험해 가는 동안 저절로 시가 암송되도록 해야 한다. 시가 다 외워졌을 때는 낭송 패턴이 확정되었을 때다. 굳이 미리 시를 외우려면 일단 무감정으로 시 전편을 주입만 시켜 놓고 연습을 하면서 차츰 감정을 다듬어 가는 것이 바람직하다.

시낭송을 할 때는 반드시 자기 낭송을 녹음해서 자꾸 들어 보아야 한다. 녹음을 들어 보면 발성은 물론이고 완급의 템포나 휴지의 박자 같은 것이 자기가 생각했던 것과는 아주 판이하다. 낭송하는 사람은 대부분 자기가 어구 하나하나를 분명하게 발음하고 있다고 착각하지만 실제로는 잘 안 들리는 어휘들이 많다. 이런 것을 녹음된 목소리가 지적해 준다. 그러나 녹음으로만 되풀이하는 연습에는 함정이 있다. 녹음기는 미미한 음악도 다 잡히므로 낭송가가 자기 음량을 과신할 우려가 있다. 멀리서 육성으로 낭송을 들어 주는 것이 좋다.

시 한 편의 낭송은 한 편의 연극을 만들 듯 정교한 작업과 연출이 필요하다. 시낭송의 연습은 끊임없는 자기 훈련과정이다.

따라서 내가 만든 시의 악보에 따라 수없이 연습할 때 맥박 같은 힘과 햇볕 같은 위안과 남이 흉내 낼 수 없는 나만의 색깔이 있는 낭송을 할 수 있다.

:: 시 외우기

시낭송은 반드시 암송으로 해야 한다. 시를 암송하기 위해서는 수백 번 수천 번 되풀이 연습해야 한다. 이 낭송의 반복은 단순히 시구의 암기에 그치는 것이 아니다. 무엇보다도 그 시로 스스로를 감동시키는 과정이기도 하다. 그러다가 그 시가 충분히 암기될 때쯤 되면 자신의 감동을 남에게 전달해 남을 감동시킬 능력이 생긴다. 낭송의 반복은 그 시가 가진 리듬을 발굴하여 조정해서 고착시키게 된다. 그리고 시구의 고저나 강약 등도 시를 여러 번 읽는 동안에 제자리를 발견하게 되고 그러는 사이에 시가 다 외워진다. 시를 어떻게 암기할 것인가. 시낭송을 위한 시의 암송은 절대로 머리로만 하는 것이 아니다. 오랫동안 낭독을 되풀이하면 그 시를 입이 기억하고 턱이 기억한다. 낭송가가 일일이 시를 외우고 있지 않아도 턱 놀림에 따라 입이 저절로 움직이게 된다.

시는 유심히 따지고 보면 잘 정돈된 언어의 질서다. 시의 암기는 시의 뜻을 외우는 것이 아니라 시의 리듬을 외우는 것이다. 시를 외울 때 처음에는 낱말 하나하나를 읽어 외워 가지만 되풀이 읽음으로써 그 시의 음률이 저절로 외워지게 되고 결국 시구의 뜻보다는 그 음률로 시를 암송하게 된다. 노래를 배울 때도 노랫말을 따로 외우기는 힘들지만 노래를 자꾸 부르고 있으면 노랫말은 저절로 외워진다.

효율적인 암송은 내용을 장기간 기억하고 순발력 있게 끌어내기 위해서는 반복으로 낭송(기계적 기억)하는 암기보다는 논리적 기억(의미 분석, 파악)이나 인위적인 기억(우연의 관계를 만들어 기억)에 의존하여 암기하도록 한다.

:: 이미지 연출

효과적인 시낭송을 위한 이미지 연출이 필요하다.

- 표정 : 시의 이미지에 맞는 표정으로 시적 향기를 살린다.
- 시선 : 각 연과 행의 의미에 따라 시선을 자연스럽게 처리한다.
- 인사 : 정중한 인사 자세로 시적 분위기를 살린다.
- 자세 : 양발은 허리 넓이 정도로 벌리고 11자로 선다.
  어깨에서 힘을 빼고 배에 힘을 주고 자연스럽게 선다.

:: 담력 키우기

매년 열리는 시낭송대회 때마다 출전자는 떨리고 긴장한 나머지 자기의 실력을 제대로 발휘하지 못해 아쉬워하는 것을 본다. 특히 내성적인 사람은 더욱 그렇다. 그래서 어떤 출전자는 아예 진정제를 먹고 출전하기도 한다. 그렇다면 무대 위에서 덜 떨리게 하는 방법은 없을까? 무대 공포증을 제거하고 담력을 갖기 위하여 무엇을 해야 할지 짚어 보기로 한다.

실습적인 방법

① 무대 경험을 많이 쌓자.

과거에 무대에서 노래나 연기 등 무대 경험이 있는 사람은 시낭송을 하는 첫 무대에서 자기의 실력을 발휘하기가 쉽다. 그러나 무대 경험이 없는 출연자는 자신이 어떻게 낭송했는지조차 생각이 나지 않을 정도로 긴장된다.

왜냐하면 시낭송은 단지 시를 낭송하는 것이 아니라 예술로서 승화시켜 표현해야 하기 때문이다. 하지만 한두 번 무대에서 경험을 갖게 되면 점차 자신감이 붙게 되어 청중의 분위기 더 나아가 청중의 눈동자, 표정까지 읽게 되어 나의 낭송에 청중이 얼마나 공감하고 있는지 공간의 숨결을 파악하는 능력이 생기게 된다. 무대에서의 담력을 기르는 최상의 방법은 무대에 자주 서 무대에 대한 두려움을 없애는 것이다.

② 충분히 연습하고 무대에 선다.

아무리 강의 경험이 많은 강사나 무대 경험이 많이 사람일지라도 충분한 연습 없이 무대에 서면 불안감을 주고 자신감을 잃게 한다. 혹시 무대에서 시낭송을 하다가 틀려 중도에 내려오게 되면 그 뒤 무대 공포증 또는 기피증이 생길 수 있다. 무대에서 자신감을 강하게 하는 것은 끊임없는 연습과 노력으로 자신의 실력을 제대로 발휘하였을 때 비로소 자신감을 갖게 된다. 개인의 암기 능력, 나이에 따라 차이는 있지만 무대에 서기 위해서는 천 번 이상은 연습해야 한다.

③ 무대 아래서 천천히 숨쉬기를 하자.

- 코와 입으로 동시에 숨을 빨아들인다.
- 손을 가슴 양쪽에 얹고 다시 한번 숨을 빨아들인 후 입술 사이로 내쉰다.
- 다음에는 두 손을 아랫배에 대고 다시 숨을 한 번 들이쉰 후 아랫배를 천천히 누르면서 입술 사이로 숨을 내쉰다.
- 들이쉬는 숨은 코와 입으로 하고 내쉬는 숨은 입술 사이로 하면서 이것을 몇 번 되풀이한다. 이렇게 천천히 숨쉬기를 몇 번 하고 나면 거친 숨결이 보통 때처럼 되고 마음이 안정되어 조용하고 차분한 몸가짐이 된다.

④ 무대에서 시작하기 전 심호흡을 하고 어깨를 내린 뒤 온몸의 근육을 푼 후 시작한다.

심리적인 방법

① 자신감을 갖는다.

자기 스스로 '나도 할 수 있어' 하는 믿음을 갖게 하는 것이다. 즉, 자신감을 키우는 것이다. 어느 누구나 자신감을 가지고 열심히 노력하면 자기가 생각하는 것 이상의 능력을 발휘할 수 있다고 한다. 독일의 대문호인 괴테는 '자신감은 자기 자신을 믿는 것이다. 자신감을 가지면 자기가 가지고 있는 능력 이상의 힘을 발휘할 수 있다'고 했다.

② 자기최면

최면에는 자기최면과 타인최면이 있다. 자기최면은 자기 스스로에게 최면을 거는 것이다. 무대에서 떨리지 않으려면 청중을 자기의 가족이라고 생각한다. 그 이유는 자신의 가족은 자신을 사랑하며 많은 응원을 보내 줄 것이라고 믿기 때문이다.

그래서 낭송가는 청중을 자기의 가족이라고 생각하거나 아니면 청중을 사랑하는 마음을 갖는다. 그렇게 되면 마음이 편안해진다. 만약 이것도 잘 되지 않고 가슴이 떨린다면 청중을 '돌'로 생각한다. '돌' 앞에서는 내가 떨릴 이유가 없기 때문이다.

낭송 몇 시간 전에 떨리는 마음을 진정시키려고 병원에서 강심제를 맞는다든지 진정제를 먹는다고 두려움이 사라지는 것은 아니다. 다만 심리적으로 '약을 먹었으니 괜찮겠지' 하는 자기최면으로 심리적인 안정을 줄 뿐이다.

③ 타인최면

타인최면이란 타인, 즉 가족이나 친구, 주변 사람들이 낭송가에게 잘할 수 있을 것이라는 자신감을 실어 주고 칭찬을 해 주며 인정을 해 줄 때 자신감을 갖게 되어 자신의 능력 이상의 힘을 발휘할 수 있게 된다. 이처럼 타인의 말 한마디가 대단한 힘을 지닌다. 그래서 우리는 서로를 격려해 주어 자신감을 실어 줄 필요가 있다. 이렇게 자기최면과 타인최면이 가슴 밑바탕에 자리 잡고 있을 때 낭송가는 무대에서 두렵지 않고 떨리지 않게 된다.

④ 마음을 비우자

'이번에는 특별히 잘해야 한다' 혹은 '누가 와 있을 텐데' 하고 생각하면 오히려 더 긴장되고, 욕심으로 정신은 산란해진다. 오늘 이 대회장은 시를 좋아하는 사람들이 시와 더불어 시의 잔치를 베푸는 향연의 장, 축제의 장이라고 생각한다. 그리고 결과에 집착하지 말자, 그래야 오히려 시의 향기가 살아난다.

⑤ 시각적인 효과 얻기

일반적인 모임이라도 여러 사람 앞에 자주 서 보지 않은 사람은 긴장되고 떨리는 것은 당연한 일이다. 이를 극복하기 위해서는 그런 기회를 많이 갖는 것이 가장 좋은 방법이겠지만 그것마저 쉬운 일은 아니다. 경험이 많지 않으면서 여러 사람 앞에 섰을 때는 우선 시선을 자기에게 가장 편한 곳에다 둔다. 다시 말해서 앞에 있는 모든 사람을 보지 말고 보는 각도를 좁혀서 몇 사람만 보는 것이 효과적이다. 시선을 옮길 때도 군중을 다 둘러보는 것보다 부분적으로 두는 것이 더 편하다. 특히 청중의 옷차림이 똑같은 제복을 입었을 때는 더 유념해 둘 일이다. 많은 관중 앞에 서면 웬만큼 기가 센 사람도 주눅이 들게 마련이다. 그러나 처음에는 이렇게 했더라도 어느 정도 익숙해지면 아무리 많은 사람들 앞에서도 편안해지니 미리부터 걱정할 필요는 없다.

:: 의상 및 소품

복장은 짧은 치마, 청바지, 반바지, 지나친 장신구나 화장은 피하도록 한다. 단 짧은 치마를 입었을 경우 발 뒷굽을 모으고 두 발끝은 V자로 서 있거나 왼발 가운데 뒷굽을 30° 정도 벌린 다음 양 무릎을 붙이고 선다.

예의를 갖춘 우아하고 단정한 복장이 좋으며 시의 분위기와 일치하면 더욱 좋다. 심사위원의 개성에 따라 차이가 있으므로 무대 옷을 한 벌 더 준비하는 것이 좋다. 심사기준 발표를 참고하면 된다.

:: 낭송 끝맺음

시낭송에 있어서 첫 부분도 중요하지만 끝맺음도 중요하다. 좋은 첫인상이나 호감이 가는 첫 이미지가 중요하듯이 마지막 이미지도 중요하다.

시낭송을 위해 연단 위로 등단할 때는 옷차림이나 걸음걸이 등에는 상당히 신경을 쓴다. 또 연단 위에서 낭송하면서도 자세, 제스처, 인사 등 예의 바르고 조심스럽게 행동하는 것이 보통이다.

이는 청중에게 자신의 이미지를 좋게 보이도록 하고, 관심과 호응을 많이 얻고자 하는 생각 때문일 것이다. 이렇게 하는 것이 청중에 대한 예의와 도리요, 낭송가로서 당연히 해야 할 기본 수칙과 기본적인 매너임을 스스로 잘 알고 있기 때문이다.

그러나 의외로 많은 낭송가들은 낭송을 끝내고 난 후 연단에서 내려올 때나 그 이후의 자세나 걸음걸이 등에 대해서는 별로 신경을 쓰지 않는 경향이 있다. 낭송 후에도 흐트러진 생각이나 모습을 더욱 유의하고 조심해야 한다.

시낭송에 있어서 프로와 아마추어의 차이점도 바로 여기에 있다. 아마추어는 자신이 중요하다고 생각되는 부분에만 신경을 쓰고 사소한 부분에는 대수롭지 않게 여기지만 프로는 아마추어가 중요하다고 생각하는 부분은 물론이고 사소한 부분까지도 신경을 쓰며 이를 중요하게 여기는 것이다.

따라서 낭송이 다 끝난 후에도 절대 방심하지 말고 청중 중에 누군가가 자신을 지켜보고 있다는 사실을 잊지 말아야 하며 마지막까지 최선을 다하는 것이 낭송자의 도리다.

:: 심사결과를 겸허하게 수용하자

시낭송대회를 마치고 심사결과에 따라 대상, 금상, 은상, 동상, 장려상 등 입상자를 발표한다. 심사위원은 관련 분야 교수, 시인, 전문 시낭송가, 시낭송지도사 등 시낭송 분야 전문가들이다.

최근 입상자 발표 후 심사결과에 대한 이의를 제기하는 참가자들이 가끔 발생하고 있다. 심사위원들은 심사평가 기준에 따라 공정하게 평가한다. 물론 심사는 주관적이기 때문에 심사위원의 취향 및 그 대회의 특성에 따라 평가하기 때문에 결과는 조금 다를 수 있다. 그러나 중대한 오류가 없는 이상 심사결과를 겸허하게 수용하는 자세가 필요하다.

:: 시낭송대회 출전 Key point

낭송을 위해 무대에 발을 딛는 순간부터 마치고 내려오기까지 걸음걸이, 인사, 낭송 자세, 표정, 복장 등 일거수일투족을 유의해야 한다. 대회 출전 전 다음과 같은 점을 점검하자.

---

1. 낭송 시 선정
2. 묵독단계 : 나눔과 마음으로 이해하는 단계
3. 시대적 배경 : 작품을 쓰게 된 배경과 시기
4. 시인의 심리 유추 : 주제와 의미 파악
5. 연과 연의 흐름 : 행과 행의 고리, 시 속에 담긴 시의 곱씹기, 내 삶의 궤적과 연결 짓기
6. 음독단계 : 소리 내어 읽기, 정확한 표준발음, 발음이 잘 되지 않는 부분 체크, 띄어 읽기
7. 낭독단계 : 시의 분위기와 느낌을 파악하여 표현해 보기
   고저·강약, 속도와 포즈, 리듬, 사이, 억양, 감정(넣고 빼기), 클라이맥스 살리기, 녹음 들어 보기
8. 낭송단계 : 암송
9. 실행 : 거울 앞에서 자세, 시선 처리, 표정, 제스처, 마이 크 사용, 담력 기르기

대회용 시 선택 10가지 포인트

1) 대회의 성격과 잘 어울리는 시
2) 나의 이미지와 잘 어울리는 시
3) 희로애락이 표현된 시로 점층적으로 효과를 내기 좋은 시
4) 음악적 운율이 살아 있는 시
5) 명시로 문학적 작품성이 살아 있는 시
6) 구성 면에서 이미지와 이미지의 연결이 복잡한 구성이 아니라 단순구성으로 기승전결이 분명한 시
7) 시 내용이 저속하거나 통속적이거나 사변적이 아닌 시
8) 시각과 청각의 영상 이미지를 활용하여 청각적 상상력을 고조시킨 시
9) 시인의 지명도가 있는 시
10) 적당한 길이의 시(대회 주최 측 심사기준 시간에 맞는 시)

시의 분석과 이해

1) 낭송 전에 수행되어야 할 부분으로서 작가 연구, 시대적 배경, 시 창작 경향, 문단 상황, 작품 분석의 과정을 거쳐 시인을 이해해야 한다. 그리고 낭송할 시가 원본 시인지 확인한다.
2) 시어의 의미와 심상을 연구하고 상징, 비유를 자기 것으로 해석하여 새로운 표현으로 개성적인 창출을 시도한다.

표현 방법 설정

1) 발성 : 감정이입을 위한 목소리 조절, 어조, 울림의 폭을 결정, 가성 유무
2) 포인트 설정 : 적당한 감정 처리 표시(힘참, 고요함, 평화로움,

기쁨, 그리움, 잔잔함 등)

3) 속도 조절 : 적절한 낭송 속도로 시의 완급을 조정하여 추진력을 강화한다.

4) 리듬 : 시의 맥박이며 음색과 의미에 영향을 준다. 언어의 연속적인 유형의 정도로서 끊어지기도 하고 이어지기도 하는 기법으로 호흡과 기대를 배양하여 극적 상황에 대한 구체적 감동을 줄 수 있다.

5) 포즈 : 문장과 문장 사이의 쉬는 경우를 가리키며 그 쉬는 동안에도 완전히 멎어 있는 것이 아니라 내면적으로는 음과 감이 흐르고 있어야 한다. 내면 창조의 기술로 생각의 바뀜, 정서의 변화 및 박자의 변화로 표현된다.

연습과 훈련

1) 발음 : 소리와 높낮이, 길고 짧음, 경음과 격음

2) 표정 : 시의 분위기를 살리는 얼굴 표정과 시선 처리

3) 자세와 태도 : 손짓과 몸짓이 어색하지 않도록 한다.

- 무대 매너 및 예의를 지키도록 한다.

(몸가짐, 옷차림, 걸음걸이 등)

- 시의 분위기를 해치는 지나친 장신구나 화장은 피하도록 한다.

4) 연습방법 : 녹음하여 들어 보고 보완한다.

시낭송 점검

1) 숨표

- 주어는 띄어 읽고 있는가.
- 부사 이후는 강조하고 있는가.
- 목적어는 강조되고 있는가.
- 접속사 이후는 띄어 읽거나 강조하고 있는가.
- 형용사는 붙여 읽는가.

2) 발음

- 장단음
- 소리 변동(모음조화, 자음접변, 역행동화, 자음축약)
- 소리 회피(두음법칙, 자음군 회피)
- 끝소리 변이
- 소리 첨가(ㄴ첨가, ㅅ첨가)

3) 강약

- 강세 : 명령, 금지, 흥분, 질책, 격노
- 약세 : 의문, 추측, 감사, 애원, 반성
- 하강 : 권유, 명령, 서술, 느낌
- 상승 : 항의, 명령, 의문, 선택
- 강조 : 격정, 열정, 고조, 선동

4) 암송

- 그림을 그리듯 한다.
- 연상 작용을 극대화한다.
- 입에 붙도록 반복 연습한다.
- 집중력 강화 훈련을 한다.
  - 거울을 보며 눈에 초점을 맞춘다.
  - TV를 크게 틀어 놓고 시청하며 연습한다.
  - 잠들기 직전 암기한 것은 오래 남는다.

시낭송 시 유의 사항

- 감정을 배제하고 낭송해 본다.
- 가슴에 와 닿는 부분을 중심으로 고저・장단・강약・사이(쉼)의 사항을 살려 큰 도구를 그린 후 시 표기법을 이용하여 구체적으로 어떻게 낭송할 것인가를 설정한다.
- 도식에 의한 인위적 낭송이 아닌 시 속의 주인공이 되어 마음에서 우러나오는 진실한 감정으로 낭송한다.
- 낭송을 처음 시작할 때 톤의 설정이 중요하다.
- 톤을 높이거나 낮게 잡지 말고 편안하게 자연스럽게 하되 음성이 매체가 되므로 정확한 발음 발성, 호흡에 유의한다.
- 지나친 기교 감정과 불필요한 장음 숨소리, 꾸민 목소리, 동화구연식 시낭송은 삼간다.
- 쉼표까지도 시어에 속한다.
- 또박또박 차분하게 정확한 발음으로 시의 느낌으로 반복해서 읽어서 자신의 것으로 완전히 소화할 수 있도록 한다.
- 반복해서 읽다 보면 자연스럽게 시를 외우게 되고, 또한 시를 이해하게 되어 낭송할 때 청중에게 전달할 수 있다.
- 낭송시에서 가장 중요한 것은 시가 지니고 있는 의미를 정확하

게 판단하고 있어야 하고 시어가 지닌 감정을 정확하게 표현해 주어야 한다.

- 시낭송은 감정에 너무 치우쳐도 안 되지만 감정이 없는 낭송이란 옳은 낭송이 아니다.
- 연과 행의 구분과 종결에 대해 명확하게 표현해야 한다.
- 시인이 전달하고자 하는 의미가 잘 전달되는 낭송이라야 좋은 낭송이라 할 수 있다.

제5장

시낭송 클리닉

01 시낭송 클리닉

지금까지 학습한 이론을 바탕으로 시낭송대회에서 가장 많이 선호했던 시 10편을 선정해서 클리닉 한다. 시인이 작사한 시를 작곡가로서 직접 시낭송 음보를 활용해서 작곡해 보자. 고저, 장단, 강약, 완급, 크레센도, 데크레센도, 클라이맥스 등을 활용하여 감동을 주는 시낭송을 하자. 그리고 정확한 발음을 위해서 시 전체에 표준발음을 표기했다.

02 시낭송 음보의 활용

시낭송은 소리예술이다. 지휘자와 연주자에 따라 연주가 달라지듯 시를 어떻게 형상화시키고 이해하며 연출하느냐에 따라 한 편의 시에 수십 편의 낭송이 나올 수 있다. 시인은 작사자요, 낭송자는 작곡가이며 그 노래를 부르는 가수다. 시낭송가는 시가 가지고 있는 음악성을 살리고 그 음악성에 음보를 붙이는 작업을 해야 한다. 시낭송은 각자의 감성으로 표현하는 고유의 작업이므로 하나의 시에 여러 가지 음보가 나올 수 있다. 그러나 혼란을 방지하고 통일된 음보를 사용하는 것이 좋다.

여기서 표기하는 음보는 이미 표준으로 사용하고 있는 재능시낭송협회 음보를 기본으로 하되, 많은 부분을 사용하기 편리하도록 소리기호, 음성기호, 수학식기호, 전각기호, 반각기호 등을 사용해서 시낭송 음보를 새로 개발했다.

지금까지 시낭송 교육에서 대부분 시어에 부분적인 작곡을 해서 낭송했다. 음악 가사는 전체에 악보가 붙어 있다. 시를 작곡할 때도 부분이 아닌 시 전체에 음보를 붙여야 완성된 작곡이 된다.

:: 시낭송 음보

부호	의미	부호	의미
Ⓥ	매우 짧게 쉬기 (빠른 반 박자)	↩	행과 행, 연과 연 이어 가기
∨	짧게 쉬기(반 박자)	□	단어 묶음
/	길게 쉬기(한 박자)	⤴	끝 올림
//	공행(두 박자 이상)	↷	끝 내림
↑	고음(높은음)	~	여음
↾	중고음(평음 높은음)	↝	연음
⊤	중음(평음)	⊖	머금고 들어가기
⇂	중저음(평음 낮은음)	[illegible]	머금고 여운 있게
↓	저음(낮은음)	⊕	한숨, 잦아드는 소리
·	강하게 표현하기	[illegible]	내뱉는 소리
<	점점 크게(크레센도)	☼	울려 퍼지는 소리
>	점점 작게(데크레센도)	═	빠르게 말하기
△	클라이맥스	≈	느리게 말하기
⌒	사이 이어 가기	:	장음

:: 시낭송 음보 해설

부호	의미	해설
ⓥ	매우 짧게 쉬기 (빠른 반 박자)	빠른 반 호흡을 쉰다. 쉼표 뒤, 단어 사이, 행과 행 연결 때 매우 짧게 쉰다.
V	짧게 쉬기(반 박자)	반 호흡을 쉰다. 호흡이 끊어질 때, 또는 시의 의미를 효과적으로 전달하고자 할 때 쉰다.
/	길게 쉬기(한 박자)	한 호흡을 쉰다. 주로 문장이 끝났을 때 또는 연과 연 사이에 쉰다. 짧은 문장이라도 포즈를 두어 낭송의 극적 효과를 갖고자 할 때 길게 쉰다.
//	공행(두 박자 이상)	매우 길게 쉰다. 두 박자, 세 박자, 네 박자 이상 쉰다. 마치 행이 없는 듯이 긴 침묵을 두었다가 연결하는 것으로 주로 연과 연 사이에 쓰인다.
↑	고음(높은음)	가장 높은음이다. 탁하고 거친 소리가 나지 않고 자연스러워야 한다.
↾	중고음(평음 높은음)	중음과 고음의 중간 음이다.
⊤	중음(평음)	기본음이다. 고음과 저음 연결 매체가 된다.
⇂	중저음(평음 낮은음)	중음과 저음의 중간 음이다.
↓	저음(낮은음)	가장 낮은음이다. 낮은음일수록 울림을 주어야 한다.
·	강하게 표현하기	강하게 표현한다. 일반적으로 첫 단어에 강함을 준다.
<	점점 크게	크레센도, 점점 소리가 커지게 낭송한다.
>	점점 작게	데크레센도, 소리를 점점 작게 낭송한다.
△	클라이맥스	절정을 뜻하며 시의 정점. 최고조로 앙등된 정서로 긴장되게 표현할 곳에 표기한다. △ △ 구간을 표시한다.
⌒	사이 이어 가기	단어와 단어 사이를 이어서 낭송한다.

부호	의미	해설
↩	행과 행, 연과 연 이어 가기	행과 행, 연과 연 사이라고 다 띄우는 것은 아니다. 흐름에 따라 변화를 준다.
□	단어 묶음	단어와 단어를 묶어서 하나의 단어처럼 낭송한다.
↗	끝 올림	비음(ㄴ, ㅁ, ㅇ) 또는 음 리듬을 타기 위해 뒤끝을 살짝 올린다.
↷	끝 내림	뒤 단어가 앞 단어보다 낮은음일 때 살짝 내린다.
~	여음	마지막 낱말 또는 단어와 단어 사이 음을 단음으로 딱 끊지 않고 길게 여운을 살리면서 다음 행으로 넘어간다.
↝	연음	앞 낱말 마지막 음을 살짝 올려 그 음을 입안에 담은 채 뒤의 낱말과 연결한다.
⊖	머금고 들어가기	원형은 발성기관을 뜻하며 목을 직선으로 닫고 호흡을 멈춘 듯이 그 전의 감정을 삭인 후 한 호흡 이상 머금고 시작한다.
♪	머금고 여운 있게	호흡의 떨림으로 여운 있게 소리를 머금고 흔들어 본다.
⊕	한숨, 잦아드는 소리	울고 난 후 목소리의 잠김을 느낄 것이다. 한숨으로 잦아든 내밀한 발성을 구사한다.
♂	내뱉는 소리	숨을 들이마셨다가 내뱉는 소리다.
☼	울려 퍼지는 소리	발성기관을 의식하고 가슴에 기를 끌어올려 터뜨리는 소리로서 울림 파장이 크다.
═	빠르게 말하기	정해진 시간에 많은 단어를 빠르게 말하라는 뜻이다. 긴박감을 고조시킬 수 있다.
≈	느리게 말하기	정해진 시간에 표시할 시어가 적으므로 느리게 한다.
:	장음	장모음 또는 장자음 뒤에 표시한다.

03 시낭송 실제

≪수록 시≫

목마와 숙녀 / 박인환

한 잔의 술을 마시고
우리는 버지니아 울프의 생애와
목마를 타고 떠난 숙녀의 옷자락을 이야기한다.
목마는 주인을 버리고 그저 방울 소리만 울리며
가을 속으로 떠났다. 술병에서 별이 떨어진다.
상심한 별은 내 가슴에 가벼웁게 부서진다.
그러한 잠시 내가 알던 소녀는
정원의 초목 옆에서 자라고
문학이 죽고 인생이 죽고

사랑의 진리마저 애증의 그림자를 버릴 때
목마를 탄 사랑의 사람은 보이지 않는다.
세월은 가고 오는 것
한때는 고립을 피하여 시들어 가고
이제 우리는 작별하여야 한다.
술병이 바람에 쓰러지는 소리를 들으며
늙은 여류작가의 눈을 바라다 보아야 한다.
… 등대에 …
불이 보이지 않아도
그저 간직한 페시미즘의 미래를 위하여
우리는 처량한 목마 소리를 기억하여야 한다.
모든 것이 떠나든 죽든
그저 가슴에 남은 희미한 의식을 붙잡고
우리는 버지니아 울프의 서러운 이야기를 들어야 한다.
두 개의 바위틈을 지나 청춘을 찾는 뱀과 같이
눈을 뜨고 한 잔의 술을 마셔야 한다.
인생은 외롭지도 않고
그저 잡지의 표지처럼 통속하거늘
한탄할 그 무엇이 무서워서 우리는 떠나는 것일까.
목마는 하늘에 있고
방울 소리는 귓전에 철렁거리는데
가을바람 소리는
내 쓰러진 술병 속에서 목메어 우는데

<표준 발음 변환>

목마(몽마)와 숙녀 / 박인환

한 잔의(한 자네) 술을(수를) 마시고
우리는 버지니아 울프의 생애와
목마를 타고 떠난 숙녀의(숭녀에) 옷자락을(옫짜라글) 이야기 한다.
목마(몽마)는 주인을(주이늘) 버리고 그저 방울 소리만 울리며
가을 속으로(소그로) 떠났다(떠낟따)
술병에서 별이(벼리) 떨어진다(떠러진다)
상심한 별은(벼른) 내 가슴에(가스메) 가벼웁게 부서진다.
그러한 잠시 내가 알던 소녀는
정원의(정워네) 초목 옆에서(여페서) 자라고
문학이(문하기) 죽고(죽꼬) 인생이 죽고(죽꼬)
사랑의 진리마저 애증의 그림자를 버릴 때
목마(몽마)를 탄 사랑의 사람은(사라믄) 보이지 않는다.
세월은(세워른) 가고 오는 것
한때는 고립을(고리블) 피하여 시들어(시드러) 가고
이제 우리는 작별(작뼐)하여야 한다.
술병이 바람에(바라메) 쓰러지는 소리를 들으며(드르며)
늙은(늘근) 여류작가의 눈을(누늘) 바라다 보아야 한다.
… 등대에 …
불이(부리) 보이지 않아도(아나도)
그저 간직한(간직칸) 페시미즘의(페시미즈메) 미래를 위하여
우리는 처량한 목마(몽마) 소리를 기억하여야(기어카여야) 한다.
모든 것이(거시) 떠나든 죽든
그저 가슴에(가스메) 남은(나믄) 희미한 의식을 붙잡고(붇짭꼬)

우리는 버지니아 울프의 서러운 이야기를 들어야(드러야) 한다.
두 개의 바위틈을(바위트믈) 지나 청춘을 찾는 뱀과 같이(가치)
눈을(누늘) 뜨고 한 잔의(자네) 술을(수를) 마셔야 한다.
인생은 외롭지도 않고(안코)
그저 잡지의 표지처럼 통속하거늘(통소카거늘)
한탄할 그 무엇이(무어시)
무서워서 우리는 떠나는 것일까(거실까).
목마(몽마)는 하늘에 있고(읻꼬)
방울 소리는 귓전에(귀쩌네) 철렁거리는데
가을바람 소리는
내 쓰러진 술병(술뼝) 속에서(소게서) 목메어(몽메어) 우는데

클리닉 1

<낭송 방법>

박인환 시인의 대표적인 시다. 이 시는 연의 구분이 없이 행의 구분만 있는 한 연으로 된 시다. 시 자체에 음률감이 묻어 있기 때문에 완급 조절만 잘하여도 좋은 낭송이 될 수 있다. 제목은 평음 높은음으로 시작하며, '목마와 숙녀' 한 자 한 자에 힘을 주고 같은 속도로 낭송한다. 3박자 쉰 후 평음으로 '박인환'으로 낭송한다. 다시 4박~5박자 쉬었다 첫 행을 평음 높은음으로 한다. 음보에 따라 고저, 장단, 강약, 완급, 크레셴도, 데크레셴도, 클라이맥스 등을 잘 살려서 낭송해 보자.

↾목마와~숙녀 /// ㅜ박인환 /////

↾한⌒잔의↗ 술을⌒마시고~∨

↓우리는~∨↾버지니아↗ 울프의↗ 생애와~/

↑목마를⌒타고↗ 떠난↗ 숙녀의↗ 옷자락을⌒↓이야기 한다.///

↓목마는↝주인을↝버리고～↾그저↗ 방울↗ 소리만～↓울리며～∨

↓가을～속으로～떠났다/ 술병에서↝별이～떨어진다.//

↾상심한↗ 별은↗ ∨내 가슴에↗ 가벼웁게～↓부서진다.///

↾그러한↗ 잠시↗ 내가 알던～↓소녀는↷/

↾정원의↗ 초목 옆에서～↓자라고～∨

↓문학이↝죽고～인생이↝죽고～/

↑사랑의↗ 진리마저↗ 애증의↗ 그림자를↝↓버릴 때～/

↾목마를 탄↝사랑의～사람은～/↓보이지～않는다.///

↓세월은↝가고～오는↝것/

↑한때는↗ 고립을↗ 피하여↷↾시들어～가고∨

↓이제∨↾우리는↗ 작～별하여야↓한다.///

↾술병이⤴ 바람에⤴ 쓰러지는⤴ 소리를↷ ↓들으며~∨

↑늙은⤴ 여류작가의⤴ 눈을↝바라다~보아야~한다.///

↓… 등대에 … ⤴ ///

⊤불이~보이지~않아도~/

↑그저⤴ 간직한⤴ 페시미즘의⤴ 미래를↷ ↓위하여↷∨

↓우리는⤴ ∨ ↾처량한⤴ 목마⤴ 소리를⤴ 기억하여야↷ ↓한다.///

↓모~든↝것이~떠나든↝죽든~/

↑그저⤴ 가슴에 남은⤴ 희미한⤴ 의식을 ↓붙잡고~/

↾우리는⤴ 버지니아⤴ 울프의⤴ 서~러운↝이야기를 ↓들어야~한다.///

↾두~개의⤴ 바위틈을⤴ 지나~∨ ↑청춘을⤴ 찾는⤴ 뱀과~같이~∨

↓눈을↝뜨고~/ ↾한↝잔의⤴ 술을⤴ 마셔야↷ ↓한다.///

⊤인생은↝외롭지도~않고~∨

↑그저↗ 잡지의↗ 표지처럼~↾통속하거늘~∨

↑한탄할↗ 그 무엇이 무서워서↷／↓우리는↗ 떠나는↗ 것일까.↗ //

↾목마는↗ 하늘에↷↓있고~∨

↑방울 소리는↗ 귓전에↗ 철렁↗ 거리는데↷∨

↓가을바람~소리는~／

↾내↗ 쓰러진↗ 술병↝속에서~／↓목메어~우는데~

아, 훈민정음 / 오세영

언어는 원래 신령스러워
언어가 아니고선 신을 부를 수 없고
언어가 아니고선 영원을 알 수 없고,
언어가 아니고선 생명을 감동시킬 수 없나니
태초에 이 세상도
말씀으로 지으심을 입었다 하나니라.
그러나 이 땅,
그 수많은 종족의 수많은
언어 가운데서 과연
그 어떤 것이 신의 부름을 입었을 손가.
마땅히 그는 한국어일지니
동방에서
이 세상 최초로 뜨는 해와 지는 해
그 음양의 도가 한 가지로 어울렸기 때문이니라
아, 한국어
그대가 하늘을 부르면 하늘이 되었고
그대가 땅을 부르면 땅이
인간을 부르면 인간이 되었도다.
그래서 어여쁜 그 후손들은
하늘과
땅과 인간의 이치를 터득해
ㆍ, ㅡ, ㅣ, 세 글자로 모음 11자를 만들었고
천지조화, 오행운수 그 성정을 깨우쳐
아(牙), 설(舌), 순(脣), 치(齒), 후(喉)
5종의 자음, 17자를 만들었으니
이 세상 어느 글자가 있어

이 처럼 신과 내통할 수 있으리.
어질고 밝으신 대왕 세종께서는
당신이 지으신 정음 28자로
개 짓는 소리, 천둥소리, 심지어는 귀신이 우는 울음소리까지도
적을 수 있다고 하셨으니
참으로 틀린 말이 아니었구나
좌우상하를 마음대로 배열하여
천지간 막힘이 없고
자모를 결합시켜 매 음절 하나하나로 우주를 만드는
아아, 우리의 훈민정음
속인들은 이를 가리켜
어느 글자보다도 더 과학적이라고 하나
어찌 그것이 과학에만 머무를 손가.
그대 하늘을 부르면 하늘이 되고
땅이 부르면 땅이,
인간이 부르면 인간이 되는
아아, 신령스러운 우리의
한국어
우리의 훈민정음

<표준 발음 변환>

아, 훈민정음 / 오세영

언어(어너)는 원래(월래) 신령(실령)스러워
언어(어너)가 아니고선 신을(시늘) 부를 수 없고(업꼬)
언어(어너)가 아니고선 영원을(영워늘) 알 수 없고(업꼬),
언어(어너)가 아니고선 생명을 감동시킬 수 없나니(엄나니)
태초에 이 세상도
말씀으로(말쓰므로) 지으심을(지으시믈) 입었다(이벋따) 하나니라.
그러나 이 땅,
그 수많은(수마는) 종족의(종조게) 수많은(수마는)
언어(어너) 가운데서 과연
그 어떤 것이(거시) 신의(시네) 부름을(부르믈) 입었을(이버쓸)손가.
마땅히 그는 한국어(한구거)일지니(일찌니)
동방에서
이 세상 최초로 뜨는 해와 지는 해
그 음양의(으먕에) 도가 한 가지로 어울렸기(어울렫끼) 때문이니라
(때무니니라)
아, 한국어(한구거)
그대가 하늘을(하느를) 부르면 하늘이(하느리) 되었고(되얻꼬)
그대가 땅을 부르면 땅이
인간을(인가늘) 부르면 인간이(인가니) 되었도다(되얻또다).
그래서 어여쁜 그 후손들은(후손드른)
하늘과
땅과 인간의(인가네) 이치를 터득해
·, ㅡ, ㅣ, 세글자로 모음 11자(여란자)를 만들었고(만드럳꼬)
천지조화, 오행운수 그 성정을 깨우쳐(깨우처)
아(牙), 설(舌), 순(脣), 치(齒), 후(喉)
5종의 자음, 17자(여릴곱자)를 만들었으니(만드러쓰니)

이 세상 어느 글자(글짜)가 있어(이써)
이 처럼 신과 내통할 수 있으리(이쓰리).
어질고 밝으신(발그신) 대왕 세종께서는
당신이(당시니) 지으신 정음 28(스물여덜)자로
개 짖는 소리, 천둥소리, 심지어는 귀신이(귀시니) 우는
울음소리(우름쏘리)까지도 적을(저글) 수 있다고(읻따고)
하셨으니(하셔쓰니)
참으로(차므로) 틀린 말이(마리) 아니었구나(아니얻꾸나)
좌우상하를 마음대로 배열하여
천지간 막힘이(마키미) 없고(업꼬)
자모를 결합시켜 매 음절 하나하나로 우주를 만드는
아아, 우리의 훈민정음
속인들은(소긴드른) 이를 가리켜
어느 글자(글짜)보다도 더 과학적이라고(과학쩌기라고) 하나
어찌 그것이(그거시) 과학에만(과하게만) 머무를 손가.
그대 하늘을(하느를) 부르면 하늘이(하느리) 되고
땅이 부르면 땅이,
인간이(인가니) 부르면 인간이(인가니) 되는
아아, 신령스러운 우리의
한국어
우리의(우리에) 훈민정음

클리닉 2

<낭송 방법>

이 시는 훈민정음이 얼마나 위대한지, 얼마나 과학적이며 간단하고 쉽게 이해할 수 있는 천, 지, 인 기본 창제 원리부터 기본 자음과 모음 형성법을 말해 주고 있다. 훈민정음은 유네스코 세계 기록 문화유산에도 등재되었다.

이 시는 연이 나누어져 있지 않다. 마침표가 있는 행을 연으로 생각하고 낭송하면 된다. 제목은 평음으로 시작하며, '아'는 숨을 들이마셨다가 내뱉는 소리로 울림 있게 낭송을 한다. '훈과 민'은 평음 높은음으로 끝을 살짝 올리고 '정음'을 연결한다. 3박자 쉰 후 평음 낮은음으로 '오세영'으로 하면 된다. 4박~5박자 쉰 다음 첫 행은 평음 높은음으로 시작한다.

T아,~V↾훈↗ 민↗ 정음 /// ↓오세영 ////

↾언어는↗ 원래↗ 신령스러워~/

↓언어가~아니고선↗ V↾신을↗ 부를↗ 수⌒없고~/

↑언어가⤴ 아니고선⤴ 영원을↝알↝수~없고, ∨

↓언어가~아니고선⤴ /↑생명을⤴ 감동⤴ 시킬↝수↝없나니~∨

↓태초에~이~세상도~/

↑말씀으로⤴ 지으심을⤴ 입었다↷↓하나니라.//

↓그러나~이 땅,∨

↑그⤴ 수많은⤴ 종족의⤴ 수많은 ↩

↑언어 가운데서↷/↓과연~∨

↓그↝어~떤↝것이~/↑신의⤴ 부름을⤴ 입었을↷↓손가.//

↑마땅히⤴ ∨그는⤴ 한국어~일지니~/

↓동방에서~/

↑이↝세상⤴ 최초로⤴ 뜨는⤴ 해와↷↓지는 해~∨

↓그↝음양의~도가↗ ↑한 가지로↗ 어울렸기↷↓때문이니라~/

↓아,~↺한국어~/

⊤그대가↗ 하늘을 부르면↝↓하늘이~되었고~/

↑그대가↗ 땅을↗ 부르면↝땅이∨ ↩

↑인간을↗ 부르면↗ 인간이↓되~었도다.//

↓그래서↗ ↾어여쁜↗ 그↗ 후손들은~/

↓하늘과~∨

↾땅과↗ 인간의↗ 이치를↷↓터득해~∨

↓ ·, ㅡ, ㅣ, ∨ ↾세글자로↗ 모음↗ 11자를↗ 만들었고~/

↑천지 조화,↗ Ⓥ 오행운수↗ 그↗ 성정을↷↓깨우쳐~∨

↾아(牙), 설(舌), 순(脣), 치(齒), 후(喉) ∨

↾5종의↗ 자음,Ⓥ17자를↝만들었으니~∨

↑이↗ 세상↗ 어느↗ 글자가↷↓있어↗ ⁄

↾이~처럼↝신과↝∨내↝통할~수~↓있으리.↷⁄

↾어질고↗ 밝으신↗ 대왕↗ 세종께서는~⁄

↑당신이↗ 지으신↗ 정음↷↓28자로~∨

↓개 짖는↝소리~,Ⓥ↾천둥소리~,Ⓥ↑심지어는↗ 귀신이↗ 우는↗

울음↗ 소리까지도~∨

↾적을~수↝있다고↷↓하셨으니~∨

↓참으로↝ ∨↾틀린↝말이~아니~었구나~⁄

↾좌우↗ 상하를↗ 마음↝대로↗ 배열하여~∨

↾천지간↗ 막힘이↝없고~⁄

↓자모를↝결합시켜↗ ∨↑매↝음절~하나하나로~↾우주를↝만드는~/

↓아아,ⓥ↾우리의↝훈민정음~//

↓속인들은↝이를↝가리켜~/

↾어느↗ 글자보다도↗ ∨ 더↗ 과학적이라고↷↓하나 ∨

↓어찌↝그것이~∨↾과학에만↝머무를~손~가.//

↑그대↗ 하늘을↗ 부르면↝↾하늘이~되고~/

↓땅이↝부르면↝땅이,∨

↑인간이↗ 부르면↗ 인간이 되는~/

↓아아~,∨↾신령스러운↗우리의~↩

⊤한국어~/

↾우리의↗ /↾훈민정음

별 헤는 밤 / 윤동주

계절이 지나가는 하늘에는
가을로 가득 차 있습니다.

나는 아무 걱정도 없이
가을속의 별들을 다 헤일 듯합니다.

가슴 속에 하나 둘 새겨지는 별을
이제 다 못 헤는 것은
쉬이 아침이 오는 까닭이요.
내일 밤이 남은 까닭이요.
아직 나의 청춘이 다하지 않은 까닭입니다.

별 하나에 추억과
별 하나에 사랑과
별 하나에 쓸쓸함과
별 하나에 동경과
별 하나에 시와
별 하나에 어머니, 어머니,

어머님, 나는 별 하나에 아름다운 말 한마디씩 불러 봅니다. 소학교 때 책상을 같이했던 아이들의 이름과 패, 경, 옥, 이런 이국 소녀들의 이름과, 벌써 애기 어머니 된 계집애들의 이름과, 가난한 이웃 사람들의 이름과, 비둘기, 강아지, 토끼, 노새, 노루, 프랑시스 잠, 라이너 마리아 릴케, 이런 시인의 이름을 불러 봅니다.

이네들은 너무나 멀리 있습니다.
별이 아스라이 멀 듯이.

어머님,
그리고 당신은 멀리 북간도에 계십니다.

나는 무엇인지 그리워
이 많은 별빛이 내린 언덕 위에
내 이름자를 써 보고,
흙으로 덮어버리었습니다.

딴은 밤을 새워 우는 벌레는
부끄러운 이름을 슬퍼하는 까닭입니다.

그러나 겨울이 지나고 나의 별에도 봄이 오면
무덤 위에 파란 잔디가 피어나듯이
내 이름자 묻힌 언덕 위에도
자랑처럼 풀이 무성할 게외다.

<표준 발음 변환>

별 헤는 밤 / 윤동주

계절이(계저리) 지나가는 하늘에는(하느레는)
가을로 가득 차 있습니다(읻씀니다).

나는 아무 걱정(걱쩡)도 없이(업씨)
가을속의(가을소게) 별들을(별드를) 다 헤일 듯합니다(드탑니다).

가슴 속에(소게) 하나 둘 새겨지는 별을(벼를)
이제 다 못 헤는(모태는) 것은(거슨)
쉬이 아침이(아치미) 오는 까닭이요(까달기요).
내일 밤이(바미) 남은(나믄) 까닭이요(까달기요).
아직 나의(나에) 청춘이(청추니)
다하지 않은(아는) 까닭입니다(까달깁니다).

별 하나에 추억과(추억꽈)
별 하나에 사랑과
별 하나에 쓸쓸함과
별 하나에 동경과
별 하나에 시와
별 하나에 어머니, 어머니,

어머님, 나는 별 하나에 아름다운 말 한마디씩 불러 봅니다.
소학교 때 책상을 같이했던(가치핻떤) 아이들의 이름과 패, 경, 옥, 이런 이국 소녀들의(소녀드레) 이름과 벌써 애기 어머니 된 계집애들의(계지배드레) 이름과 가난한 이웃 사람들의(사람드레) 이름과, 비둘기, 강아지, 토끼, 노새, 노루, 프랑시스 잠, 라이너 마리아 릴케, 이런 시인의(시이네) 이름을 불러 봅니다.

이네들은(이내드른) 너무나 멀리 있습니다(읻씀니다).
별이(벼리) 아스라이 멀 듯이(드시).

어머님,
그리고 당신은(당시는) 멀리 북간도에(북깐도에) 계십니다.

나는 무엇인지(무어신지) 그리워
이 많은(마는) 별빛이(별삐치) 내린 언덕 위에
내 이름자(이름짜)를 써 보고,
흙으로(흘그로) 덮어(더퍼) 버리었습니다(버리얻씀니다).

딴은(따는) 밤을(바믈) 새워 우는 벌레는
부끄러운 이름을(이르믈) 슬퍼하는 까닭입니다(까달깁니다).

그러나 겨울이(겨우리) 지나고 나의(나에) 별에도(벼레도) 봄이(보미) 오면 무덤 위에 파란 잔디가 피어나듯이(피어나드시)
내 이름자(이름짜) 묻힌(무친) 언덕 위에도
자랑처럼 풀이(푸리) 무성할 게외다.

클리닉 3

<낭송 방법>

'별 헤는 밤'은 윤동주 시인의 대표적인 시다. 이 시는 전체적으로 보면 다른 시들보다 연별로 행수의 변화가 많다. 낭송가는 시인이 표기한 부호 하나하나에 충실한 것이 좋다. 제목은 평음으로 시작한 후 3박자 쉰 다음 평음으로 '윤↗ 동주'를 낭송한다. 4박~5박자 쉰 다음 첫 행은 낮은음으로 느리고 부드럽게 낭송해야 한다. 이 시에서 유의해야 할 점은 '아스라이' 또는 '아슬히'를 '아스라히'로. '애기 어머니'를 '아기 어머니'로, '프랑시스 잠'을 '프랑시스 잼'으로, '버리었습니다'를 '버렸습니다'로 잘못 발음하고 있다. 원문에 충실해야 한다.

↾별~헤는∨밤 /// ⊤윤동주 ////

↓계절이⤻지나가는⤻하늘에는~/

↾가을로↗ 가득~차~있습니다.///

↓나는↗ ∨↾아~무 걱정도~없이~∨

↾가을속의↗ 별들을↷∨↓다↝헤일⌒듯~합니다.///

↓가슴↝속에~∨↾하나↝둘↗ 새겨지는↝별을~/

⊤이제~다↗ 못⌒헤는~것은~/

↓쉬이~∨↾아침이↗ 오는↗ 까닭이요~∨

↑내일↗ 밤이↗ 남은↷↓까닭이요~∨

↓아직∨↾나의↗ 청춘이↗ 다하지↗ 않은↷↓까닭입니다.///

↓별↝하나에~추억과~/

↾별~하나에↝사랑과~/

↓별↝하나에~쓸쓸함과~/

↑별↗ 하나에↗ 동경과↗ ↩

↑별⤴ 하나에↷↓시와～/

↓별∽하나에～/↾어머니～,Ⓥ 어머니,↷///

↓어머님,Ⓥ↾나는⤴별⤴하나에⤴↑아름다운⤴말⤴한마디씩～∨

↓불러⌒봅니다./↓소학교 때～∨↾책상을⤴같이했던↷↓아이들의

∽이름과～⊤패, 경, 옥,Ⓥ↾이런∽이국⤴소녀들의⤴이름과,∨

↾벌써⤴애기⤴어머니 된∽계집애들의∽이름과,↷∨↓가난한

↾이웃⤴사람들의∽이름과,Ⓥ↓비둘기, 강아지,Ⓥ

↾토끼, 노새, 노루,Ⓥ↓프랑시스 잠,Ⓥ↾라이너 마리아～릴케,Ⓥ

↓이런∽↾시인의⤴이름을↷↓불러～봅니다.///

↓이네들은∽∨↾너무나⤴멀리↷↓있습니다./

↓별이∽∨↾아스라이⤴멀 듯이.///

↓어머님~, /

↾그리고↗ 당신은↝∨ ↑멀리↗ 북간도에↷↓계십니다.///

↓나는↝↾무엇인지↝그리워↗ ∨

↑이↝많은↗ 별빛이↗ 내린↷↾언덕~위에~/

↓내⌒이름자를↝써↷보고~∨

↾흙으로↝덮어버리었습니다.///

↓딴은~∨↾밤을↗ 새워↗ 우↝는↷↓벌레는~/

↑부끄러운↗ 이름을↗ 슬퍼하는↷↓까닭입니다.///

↓그러나~∨↾겨울이↗ 지나고↗ ∨↑나의↗ 별에도↷↓봄이 오면∨

↾무덤⌒위에↗ 파~란~잔디가↷피어나듯이~/

↓내⌒이름자↝묻힌~언덕 위에도~∨

↾자랑처럼↝풀이~/ 무성할/ 게외다.

님의 침묵 / 한용운

님은 갔습니다.
아아 사랑하는 나의 님은 갔습니다.
푸른 산빛을 깨치고 단풍나무 숲을 향하여 난 작은 길을 걸어서
차마 떨치고 갔습니다.
황금의 꽃같이 굳고 빛나든 옛 맹세는 차디찬 티끌이 되어서
한숨의 미풍에 날아갔습니다.
날카로운 첫 키스의 추억은 나의 운명의 지침을 돌려놓고
뒷걸음쳐서 사라졌습니다.
나는 향기로운 님의 말소리에 귀먹고 꽃다운 님의 얼굴에
눈멀었습니다.
사랑도 사람의 일이라 만날 때에 미리 떠날 것을 염려하고
경계하지 아니한 것은 아니지만 이별은 뜻밖의 일이 되고 놀란
가슴은 새로운 슬픔에 터집니다.
그러나 이별을 쓸데없는 눈물의 원천을 만들고 마는 것은,
스스로 사랑을 깨치는 것인 줄 아는 까닭에, 걷잡을 수 없는 슬픔
의 힘을 옮겨서 새 희망의 정수박이에 들어부었습니다.
우리는 만날 때에 떠날 것을 염려하는 것과 같이 떠날 때에 다시
만날 것을 믿습니다.
아아 님은 갔지마는 나는 님을 보내지 아니하였습니다.
제 곡조를 못 이기는 사랑의 노래는 님의 침묵을 휩싸고 돕니다.

<표준 발음 변환>

님의(이메) 침묵 / 한용운

님은(이믄) 갔습니다.(갇씁니다)
아아 사랑하는 나의(나에) 님은(이믄) 갔습니다(갇씁니다)
푸른 산빛을(비츨) 깨치고 단풍나무 숲을(수플) 향하여 난
작은(자근) 길을(기를) 걸어서(거러서)
차마 떨치고 갔습니다(갇씁니다)
황금의(황그메) 꽃같이(꼳까치) 굳고(굳꼬) 빛나든(빈나든)
옛(옏) 맹세는 차디찬 티끌이(티끄리) 되어서
한숨의(한수메) 미풍에 날아갔습니다(나라갇씁니다).
날카로운 첫 키스의 추억은(추어근)
나의(나에) 운명의(운명에) 지침을(지치믈) 돌려놓고(돌려노코)
뒷걸음쳐서(뒫꺼름쳐서) 사라졌습니다(사라젿씁니다).
나는 향기로운 님의(니메) 말소리에 귀먹고(귀먹꼬)
꽃다운(꼳따운) 님의(니메) 얼굴에(얼구레)
눈멀었습니다(머럳씁니다).
사랑도 사람의(사라메) 일이라 만날 때에 미리 떠날 것을(거슬)
염려하고 경계하지 아니한 것은(거슨) 아니지만
이별은(이벼른) 뜻밖의(뜯빠께) 일이(이리) 되고
놀란 가슴은(가스믄) 새로운 슬픔에(스프메) 터집니다.
그러나 이별을 쓸데없는(쓸데엄는)
눈물의(눈무레) 원천을 만들고 마는 것은(거슨),
스스로 사랑을 깨치는 것인 줄 아는 까닭에(까달게)
걷잡을(걷짜블) 수 없는(엄는) 슬픔의(슬픔메)
힘을 옮겨서(옴겨서) 새 희망의(희망에)
정수박이에(정수바기에) 들어부었습니다(드러부얻씀니다).
우리는 만날 때에 떠날 것을(거슬) 염려하는 것과 같이(가치)
떠날 때에 다시 만날 것을(거슬) 믿습니다.

아아 님은(니믄) 갔지마는(갇찌마는)
나는 님을(니믈) 보내지 아니 하였습니다(하엳씀니다).
제 곡조를 못 이기는(몬 니기는) 사랑의(사랑에) 노래는
님의(니메) 침묵을(침무글) 휩싸고 돕니다.

클리닉 4

<낭송 방법>

'님의 침묵'은 한용운 시인의 대표적인 시다. 30년 전이나 요즘이나 시낭송 경연대회에 빠짐없이 등장하는 불멸의 시 중 하나이다. 이 시의 주제는 '님'이다. '님'에 감정적인 역점을 두어 생기를 넣는 것이 좋다. 이 시는 연 구분이 되어 있지 않다. 리듬에 맞추어 행 마침표 있는 곳을 연으로 생각하면 된다. 제목은 평음 높은음으로 시작하여 '님' '침묵' 자에 힘을 준다. 제목 낭송 뒤 3박자 쉰 후 평음으로 '한용운'을 낭송한다. 4박~5박자 쉰 다음 첫 행을 낮은음으로 울림 있게 낭송해야 한다.

↾님의↗ 침묵 /// ⊤한용운 /////

↓님은↝갔습니다.//

↓아아~Ⓥ↾♂사랑하는↗나↝의↗님은↷↓갔습니다.///

↓푸른↝산빛을~깨치고~/↑단풍나무↗ 숲을↝향하여↗ 난~V

↓작은↝길을↝걸어서～／↓차마ⓥ↑떨치고↓갔습니다.／／

↑황금의↗ 꽃같이↗ 굳고～빛～나던～∨↓옛↝맹서는～∨

↑차디찬↗ 티끌이↗ 되어서∨↑한숨의↗ 미풍에↷↓날아갔습니다.／／／

↑날카로운↗ 첫↝키스의～추억은～∨↑나의↗ 운명의↗ 지침을↷

↓돌려놓고～／↓뒷걸음쳐서↝ 사라 졌습니다.／／／

↓나는↗ ／↑향기로운↗ 님의↗ 말소리에↗ 귀먹고～∨↑꽃다운↗

님의↗ 얼굴에～↓눈멀었습니다.／／／

↑사랑도↗ 사람의↝일이라～／↓만날 때에∨↑미리↗ <떠날～것을↗

염려하고～∨↑경계하지↗ 아니한↝것은～↓>아니지만～／↑이별은↗

뜻밖의～일이 되고～∨↓놀란↝가슴은↗ ∨↑새로운↗ 슬픔에↷

↓터집니다.／／／

↓그러나～／↑이별을↗ 쓸데없는～∨↑눈물의↗ 원천을↗ 만들고↷

↓마는~것은,/ ↑스스로 사랑을 깨치는 것인 줄~ ↓아는

까닭에,~∨ ↾걷잡을 수 없는 슬픔의 힘을 옮겨서~/

↑새 희망의 정수박이에~/ ↓들어 부었습니다.///

↾우리는 만날 때에~∨ ↑떠날 것을 염려하는 것과 같이 ∨

↓떠날~때에~∨ ↾다시 만날 것을 믿습니다./

↓아아~/ ↾님 은 ↓갔지마는~∨ ↑나는 님을 보내지

↓아니 하였습니다.///

↓제~곡조를 못 이기는 ↓사랑의 노래는/ ↾님의 침묵을 /

↓휩싸고/ 돕니다.

빼앗긴 들에도 봄은 오는가 / 이상화

지금은 남의 땅 – 빼앗긴 들에도 봄은 오는가?

나는 온몸에 햇살을 받고
푸른 하늘 푸른 들이 맞붙은 곳으로
가르마 같은 논길을 따라 꿈속을 가듯 걸어만 간다.

입술을 다문 하늘아 들아
내 맘에는 나 혼자 온 것 같지를 않구나
네가 끌었느냐 누가 부르더냐 답답워라 말을 해 다오.

바람은 내 귀에 속삭이며
한 자욱도 섰지 마라 옷자락을 흔들고
종달리는 울타리 넘어 아씨같이 구름 뒤에서 반갑다 웃네.

고맙게 잘 자란 보리밭아
간밤 자정이 넘어 내리던 고운 비로
너는 삼단 같은 머리를 감았구나 내 머리조차 가뿐하다.

혼자라도 가쁘게나 가자
마른 논을 안고 도는 착한 도랑이
젖먹이 달래는 노래를 하고 제 혼자 어깨춤만 추고 가네.

나비 제비야 깝치지 마라.
맨드라미 들마꽃에도 인사를 해야지
아주까리기름을 바른 이가 지심매던 그 들이라 다 보고 싶다.

내 손에 호미를 쥐어 다오

살찐 젖가슴과 같은 부드러운 이 흙을
발목이 시도록 밟아도 보고 좋은 땀조차 흘리고 싶다.

강가에 나온 아이와 같이
짬도 모르고 끝도 없이 닫는 내 혼아
무엇을 찾느냐 어디로 가느냐 우스웁다 답을 하려무나.

나는 온몸에 풋내를 띠고
푸른 웃음 푸른 설움이 어우러진 사이로
다리를 절며 하루를 걷는다 아마도 봄 신령이 지폈나 보다.

그러나 지금은 – 들을 빼앗겨 봄조차 빼앗기겠네

<표준 발음 변환>

빼앗긴(빼앋낀) 들에도(드레도) 봄은(보믄) 오는가 / 이상화

지금은(지그믄) 남의(남에) 땅 -
빼앗긴(빼앋낀) 들에도(드레도) 봄은(보믄) 오는가?

나는 온몸에(온모메) 햇살을(해싸를) 받고(받꼬)
푸른 하늘 푸른 들이(드리) 맞붙은(맏뿌튼) 곳으로(고스로)
가르마 같은(가튼) 논길을(논기를) 따라
꿈속을(소글) 가듯(가듣) 걸어만(거러만) 간다.

입술을(입수를) 다문 하늘아(하느라) 들아(드라)
내 맘에는(마메는) 나 혼자 온 것 같지를(갇찌를) 않구나(안쿠나)
네가 끌었느냐(끄런느냐) 누가 부르더냐
답답워라 말을(마를) 해 다오.

바람은(바라믄) 내 귀에 속삭이며(속싸기며)
한 자국도 섰지(섣찌) 마라 옷자락(옫짜락)을 흔들고
종달이는(종다리는) 울타리 너머 아씨같이(아씨가치)
구름 뒤에서 반갑다 웃네(운네).

고맙게 잘 자란 보리밭아(보리바타)
간밤 자정이 넘어(너머) 내리던 고운 비로
너는 삼단 같은(가튼) 머리를 감았구나(가맏꾸나)
내 머리조차 가뿐하다.

혼자라도 가쁘게나 가자.
마른 논을(노늘) 안고(안꼬) 도는 착한(차칸) 도랑이

젖먹이(전머기) 달래는 노래를 하고 제 혼자 어깨춤만 추고 가네.

나비 제비야 깝치지 마라.
맨드라미 들마꽃에도(꼬체도) 인사를 해야지
아주까리기름을(기르믈) 바른 이가
지심 매던 그 들이라(드리라) 다 보고 싶다.

내 손에(소네) 호미를 쥐어 다오
살찐 젖가슴과(전까슴) 같은(가튼) 부드러운 이 흙을(흘글)
발목이(발모기) 시도록 밟아도(발바도) 보고
좋은(조은) 땀조차 흘리고 싶다(십따).

강가에 나온 아이와 같이(가치)
짬도 모르고 끝도 없이(업시) 닫는 내 혼아(호나)
무엇을(무어슬) 찾느냐(찬느냐) 어디로 가느냐
무서웁다 답을(다블) 하려무나.

나는 온몸에(온모메) 풋내를(푼내를) 띠고
푸른 웃음(우슴) 푸른 설움이(서루미) 어우러진 사이로
다리를 절며 하루를 걷는다 아마도 봄 신령이 지폈나(지편나)
보다.

그러나 지금은(지그믄) - 들을(드를) 빼앗겨(빼안껴)
봄조차 빼앗기겠네(빼안끼겐네)

클리닉 5

<낭송 방법>

봄이 오는 국토에 대한 애정을 노래하면서, 빼앗긴 국토의 상황에 대한 한탄과 울음, 빼앗긴 들과 봄을 되찾고자 하는 염원을 담은 이상화 시인의 대표적인 시다. 이 시는 학생층으로부터 성인에 이르기까지 폭넓게 애송되어 오고 있다. 저항정신의 울분과 비교적 자유스러운 행 매김 때문인 것으로 보인다. 이 시는 고어와 사투리가 많이 등장한다. 현재 표기법에 의해서 고쳐 낭송하는 경우가 많은데 가능하면 고어와 사투리를 살려서 낭송하는 것이 좋다. 제목은 평음 높은음으로 시작하며, '빼앗긴 들에도 봄은 오는가' 제목의 길이 때문에 이름은 평음으로 빠르게 낭송한다. 그리고 발음에 주의할 부분이 많다. 변환한 표준 발음을 잘 숙지하여 낭송하자.

↾빼앗긴↗ 들에도~봄은↝오는가 /// ⊤이상화 /////

↾지금은↝남의~땅 - ∨↑빼앗긴↗ 들에도↗ 봄은↝오는가? ///

↓나는↝온몸에↝햇살을↝받고~∨

↑푸른↗ 하늘↗ 푸른 들이⌒ ↓맞붙은 곳으로~∨

↑가르마↗ 같은↗ 논길을~따라 ↑꿈⌒속을~가듯⌒ ↓걸어만⌒간다.///

↑입술을↗ 다문↗ 하늘아⌒들아~/

↓내⌒맘에는~/ ↑나 혼자↗ 온 것↗ 같지를⌒ ↓않~구나~/

↓네가⌒끌었느냐∨누가↗ 부르더냐↗ ∨↑답답워라↗ 말을⌒해다오. ///

ㅜ바람은⌒내 귀에⌒속삭이며~∨

↑한⌒자욱도↗ 섰지~마라↗ 옷자락을⌒흔들고~∨

↑종달이는↗ 울타리~너머↗ 아씨같이⌒ ↓구름 뒤에서~∨

ㅜ반갑다~웃네.///

ㅜ고맙게↗ 잘⌒자란⌒보리밭아~∨

↓간밤╱↑자정이↗ 넘어↗ 내리던↝↓고운↗ 비로╱

↑너는↗ 삼단↝같은↗ 머리를↝감았구나,Ⓥ↓내 머리조차~

가쁜하다.///

↑혼자라도↗ 가쁘게나↝가자~∨

↑마른↗ 논을↗ 안고↝도는↷↓착한~도랑이~∨

⊤젖먹이~달래는↝노래를~하고~∨↑제~혼자↗ 어깨춤만↗

추고~가네.///

↓나비~제비야↝깝치지~마라~∨

↑맨드라미↗ 들마꽃에도↗ 인사를↝해야지~╱

↑아주까리기름을↗ 바른↝이가~∨↑지심↗ 매던↗ 그↝들이라~∨

⊤다↝보고~싶다.///

↾내~손에↗ 호미를↗ 쥐어~다오~∨

↓살찐~젖가슴과~같은~부드러운~이~흙을↗ ∨

↾발목이↗ 시도록↗ 밟아도~보고~∨ ↾좋은↗ 땀조차↗ 흘리고↷

↓싶다.///

↓강가에~나온~아이와~같이~∨

↾짬도↗ 모르고↗ 끝도~없이~닫는↷ ↓내 혼아~/

△↑무엇을↗ 찾느냐↗ 어디로~가느냐↷/ ↓우스웁다~답을~ ↓하려무나.///

↓나는~온몸에~풋내를~띠고~∨

↑푸른~웃음↗ 푸른~설움이↗ 어우러진↷ ↓사이로~∨

↓다리를~절며~하루를~걷는다/ ↾아마도↗ 봄~신령이~지폈나~

보다.///

↓그러나~지금은↗ /↑들을↗ 빼앗겨~/ 봄조차~빼앗~기겠네.

행복 / 유치환

사랑하는 것은
사랑을 받느니보다 행복하나니라
오늘도 나는
에메랄드빛 하늘이 환히 내다뵈는
우체국 창문 앞에 와서 너에게 편지를 쓴다

행길을 향한 문으로 숱한 사람들이
제각기 한 가지씩 생각에 족한 얼굴로 와선
총총히 우표를 사고 전보지를 받고
먼 고향으로 또는 그리운 사람께로
슬프고 즐겁고 다정한 사연들을 보내나니

세상의 고달픈 바람결에 시달리고 나부끼어
더욱더 의지 삼고 피어 헝클어진 인정의 꽃밭에서
너와 나의 애틋한 연분도
한 망울 연연한 진홍빛 양귀비 꽃인지도 모른다

사랑하는 것은
사랑을 받느니보다 행복하나니라
오늘도 나는 너에게 편지를 쓰나니
그리운 이여 그러면 안녕
설령 이것이 이 세상 마지막 인사가 될지라도
사랑하였으므로 나는 진정 행복하였네라

<표준 발음 변환>

행복 / 유치환

사랑하는 것은(거슨)
사랑을 받느니보다 행복하나니라
오늘도 나는
에메랄드빛 하늘이(하느리) 환히 내다뵈는
우체국 창문 앞에(아페) 와서 너에게 편지를 쓴다

행길을(행기를) 향한 문으로(무느로) 숱한(수탄) 사람들이(사람드리)
제각기 한 가지씩 생각에(생가게) 족한 얼굴로 와선
총총히 우표를 사고 전보지를 받고(받꼬)
먼 고향으로 또는 그리운 사람께로
슬프고 즐겁고(즐겁꼬) 다정한 사연들을(사연드를) 보내나니

세상의 고달픈 바람결에(바람껴레) 시달리고 나부끼어
더욱더 의지 삼고(삼꼬) 피어 헝클어진 인정의 꽃밭에서(꼳빠테서)
너와 나의 애틋한(애트탄) 연분도
한 망울 연연한(여년한) 진홍빛 양귀비 꽃인지도(꼬친지도) 모른다

사랑하는 것은(거슨)
사랑을 받느니보다 행복하나니라
오늘도 나는 너에게 편지를 쓰나니
그리운 이여 그러면 안녕!
설령 이것이(이거시) 이 세상 마지막 인사가 될지라도(될찌라도)
사랑하였으므로(사랑하여쓰므로) 나는 진정 행복하였네라(행보카연네라)

'행복'은 유치환 시인의 대표적인 시로 4연으로 구분되어 있다. 이 시는 유치환 선생과 이영도 선생의 사랑 이야기에서 시작되는 편지글이다. 제목은 평음 높은음으로 시작하여 '행' 자와 '복' 자에 힘을 준다. 제목 낭송 뒤 3박자 쉰 후 제목과 같은 평음 높은음으로 '유치환'에 힘을 준다. 4박~5박자 쉰 다면 첫 행을 평음 높은음으로 시작한다.

↾행복 /// ⊤유치환 /////

↾사랑하는↝것은⤴ ∨

↾사랑을⤴ 받느니보다↝행복하나니라~/

⇂오늘도~나는⤴ /

↑에메랄드빛⤴ 하늘이⤴ 환히↝내다뵈는↷∨

↾우체국⤴ 창문⤴ 앞에～와서～∨너에게～편지를～↓쓴다///

↑행길을⤴ 향한⤴ 문으로⤴ 숱한↝사람들이～∨

⇂제각기⤴ 한⌒가지씩⤴ ∨↑생각에⤴ 족한↝얼굴로↷↓와선～/

⇂총총히⤴ 우표를↝사고⤴ ↾전보지를↷↓받고/

↑먼⤴ 고향으로⤴ 또는⤴ 그리운↝사람께로～/

⇂슬프고/↾즐겁고⤴ 다정한⤴ 사연들을↷↓보내나니～///

↾세상의⤴ 고달픈⤴ 바람결에⤴ 시달리고↷↓나부끼어～∨

↑더욱더⤴ [의지⌒삼고]⤴ [피어↝헝클어진]⤴ ∨↾인정의↷꽃밭에서～/

⇂너와～나의↝애틋한～연분도～/

↾한망울⤴ 연연한⤴ ∨↑진홍빛⤴ 양귀비↝꽃인지도↷↓모른다 ///

↓사랑하는⌒것은⤴ ∨

↾사랑을⤴ 받느니보다⌒↓행복하나니라~

↓오늘도~나는⤴ ／↾너에게⤴ 편지를⤴ 쓰나니~／

↾그리운⌒이여~∨그러면⌒안녕!~／

↓설령⤴ 이것이⤴ ／↑이⤴ 세상⤴ 마지막⤴ 인사가⌒↓될지라도~／

↓사랑⌒하였으므로~／↾나는⤴ 진정⌒／↓행복하였네라

조선의 눈동자 / 곽재구

조선의 눈동자들은
황룡들에서 빛난다

그날, 우리들은
짚신발과 죽창으로
오백년 왕조의 부패와 치욕
맞닥뜨려 싸웠다

청죽으로 엮은
장태를 굴리며 또 굴리며
허울뿐인 왕조의 야포와 기관총을
한판 신명나게 두들겨 부쉈다

우리들이 꿈꾸는 세상은
오직 하나

복사꽃처럼
호박꽃처럼
착하고 순결한
우리 조선 사람들의
사람다운 삶과 구들장 뜨거운 자유

아, 우리는
우리들의 살갗에 불어오는
한없이 달디단 조선의 바람과
순금빛으로 빛나는 가을의 들과
그 어떤 외세나 사갈의 이름으로도
더럽혀지지 않을

한없이 파란 조선의 하늘의
참주인이 되고자 했다

시아버지와 며느리와 손주가
한상에서 김나는 흰 쌀밥을 먹고
장관과 머슴과 작부가 한데 어울려 춤을 추고
민들레와 파랑새가 우리들의 황토 언덕을
순결한 노래로 천년 만년 뒤덮는 꿈을 꾸었다

조선의 눈동자들은
황룡들에서 빛난다

그 모든 낡아빠진 것들과
그 모든 썩어빠진 것들과
그 모든 억압과 죽음의 이름들을 불태우며
조선의 눈동자들은
이 땅 이 산 언덕에서 빛난다.

<표준 발음 변환>

조선의(조서네) 눈동자 / 곽재구

조선의(조서네) 눈동자들은(눈동자드른)
황룡들에서(황뇽드레서) 빛난다(빈난다)

그날, 우리들은(우리드른)
짚신발과 죽창으로
오백년 왕조의 부패와 치욕
맞닥뜨려(맏딱뜨려) 싸웠다(싸웓따)

청죽으로(청주그로) 엮은(여끈)
장태를 굴리며 또 굴리며
허울뿐인(허울뿌닌) 왕조의 야포와 기관총을
한판 신명나게 두들겨 부쉈다(부쉳따)

우리들이(우리드리) 꿈꾸는 세상은
오직 하나

복사꽃처럼
호박꽃처럼
착하고(차카고) 순결한
우리 조선 사람들의(사람드레)
사람다운 삶과 구들장(구들짱) 뜨거운 자유

아, 우리는
우리들의 살갗에(살까체) 불어오는(부러오는)
한없이(하넙씨) 달디단 조선의(조서네) 바람과

순금빛으로(순금비츠로) 빛나는(빈나는) 가을의(가으레) 들과
그 어떤 외세나 사갈의(사가레) 이름으로도
더럽혀지지(더러펴지지) 않을(아늘)
한없이(하넙씨) 파란 조선의(조서네) 하늘의(하느레)
참주인이(참주이니) 되고자 했다(핻따)

시아버지와 며느리와 손주가
한상에서 김나는 흰 쌀밥을(쌀바블) 먹고(먹꼬)
장관과 머슴과 작부가 한데 어울려 춤을(추믈) 추고
민들레와 파랑새가 우리들의(우리드레) 황토 언덕을(언더글)
순결한 노래로 천년 만년 뒤덮는(뒤덤는) 꿈을(꾸믈) 꾸었다(꾸얻따)

조선의(조서네) 눈동자들은(눈동자드른)
황룡들에서(황뇽드레서) 빛난다(빈난다)

그 모든 낡아빠진(날가빠진) 것들과
그 모든 썩어빠진(써거빠진) 것들과
그 모든 억압과(어갑꽈) 죽음의(주그메) 이름들을 불태우며
조선의(조서네) 눈동자들은(눈동자드른)
이 땅 이 산 언덕에서(언더게서) 빛난다(빈난다).

클리닉 7

<낭송 방법>

이 시는 동학농민군 황룡싸움을 배경으로 쓴 시로, 9연으로 구분되어 있다. 제목은 평음 높은음으로 시작하여 '조선의' '눈동자'에 힘을 준다. 제목 낭송 뒤 3박자 쉰 후 평음으로 '곽재구' 이름을 낭송한다. 4박~5박자 쉰 다음 첫 행을 평음 높은음으로 시작한다. 음보에 따라 고저, 장단, 강약, 완급, 크레셴도, 데크레셴도, 클라이맥스 등을 잘 살려야 청중에게 감동을 줄 수 있다.

↾조선의↗ 눈동자 /// ⊤곽재구 /////

↾조선의↗ 눈동자들은↗ /

↾황룡들에서↷↓빛난다///

↓그날,Ⓥ 우리 들은↗ /

↾짚신발과↗ 죽창으로↗ V ↩

<
↑오백년⤴ 왕조의⤴ 부패와↷ ↾치욕↷∨

>
↾맞닥뜨려～싸웠다///

↓청죽으로～엮은⤴ ∨

↾장태를⤴ 굴리며～또↷↓굴리며⤴ ∨

(• • 왕조, • • 야포, • • • 기관총)
↑허울뿐인⤴ 왕조의⤴ 야포와↷↓기관총을↷∨

↓한판⤴ ／↑신명나게⤴ 두들겨↷↓부쉈다///

(• • 우리, • • 세상)
↾우리들이⤴ 꿈꾸는⤴ 세상은↷ ↩

(• • 오직)
↓오직～하나／

(• • 복사)
↾복사꽃처럼↷ ↩

(• • 호박)
↓호박꽃처럼⤴ ∨

↾착하고⤴ 순결한⤴ ↩

↾우리⤴ 조선⤴ 사람들의↷/

↓사람다운~삶과⤴ /↾구들장⤴ 뜨거운⤴ 자유///

↓아,Ⓥ↺우리는⤴ /

↾우리들의⤴ 살갗에~불어오는⤴ V

↑한없이⤴ 달디단⤴ 조선의↷↓바람과↷/

↾순금빛으로⤴ 빛나는⤴ 가을의↷↓들과⤴ V

↑그⤴ 어떤⤴ 외세나⤴ 사갈의↝이름으로도↷V

↓더럽혀지지~않을⤴ /

↑한없이⤴ 파란⤴ 조선의⤴ 하늘의~V

↾참주인이⤴ 되고자↓했다///

↓시아버지와⤴ ↾며느리와⤴ 손주가~V

↾한상에서⤴ 김나는⤴ 흰쌀밥을↷↓먹고~V

↑장관과⤴ 머슴과⤴ 작부가∨↾한데⤴ 어울려⤴ 춤을∽추고~/

↓민들레와∽파랑새가~↾우리들의⤴ 황토~언덕을↷∨

↓순결한∽노래로~↑천년⤴ /만년⤴ 뒤덮는⤴ ↾꿈을~꾸었다///

↓조선의~눈동자들은⤴ /

↾황룡들에서∽빛난다///

↾그⤴ 모든⤴ 낡아빠진↷↓것들과~∨

↑그⤴ 모든⤴ 썩어빠진∽것들과~∨

↑그⤴ 모든⤴ 억압과↷⊤죽음의∽이름들을↷↓불태우며~/

↓조선의~눈동자들은~/

↓이∽땅/↾이⤴ 산⤴ ∨언덕에서↷/↓빛난다/

비천 / 박재천

나는 종이었다
하늘이 내게 물을 때 바람이 내게 물을 때
나는 하늘이 되어 바람이 되어 대답하였다
사람들이 그의 괴로움을 물을 때 그의 괴로움이 되었고
그의 슬픔을 물을 때 그의 슬픔이 되었으며
그의 기쁨을 물을 때 그의 기쁨이 되었다

처음에 나는 바다이였다
바다를 떠다니는 물결이었다
물결 속에 떠도는 물방울이었다 아지랑이가 되어
바다 꽃이 되어 하늘로 올라가고 싶은 바램이었다
처음에 나는 하늘이었다
하늘을 흘러 다니는 구름이었다
구름속에 떠도는 물방울이었다 비가 되어 눈이 되어
땅으로 내려가고 싶은 몸부림이었다

처음에 그 처음에 나는 어둠이었다
바다도 되고 하늘도 되는 어둠이었다
나는 사람들의 마음속에 깃들어 있는
그리움이며 미움이며 말씀이며 소리였다
참으로 오랫동안 나는 떠돌아 다녔다 내 몸 속에 피와 눈물을
말렸고 뼈는 뼈대로 살은 살대로 추려 산과 강의 구석구석에
묻어 두었고 불의 넋 물의 흐름으로만 남아 땅 속에 묻힌 하늘의
소리 하늘로 올라간 땅 속의 소리를 들으려 하였다

떠돌음이여. 그러나 나를 하늘도 바다도 어둠도 그 무엇도 될 수 없게 하는 바람이여, 하늘과 땅 사이에 나를 묶어두는 이 기묘한 넋의 힘이여, 하늘과 땅 사이에 날게 하는 이 소리의 울림이여

<표준 발음 변환>

비천 / 박재천

나는 종이었다(종이얻따)
하늘이(하느리) 내게 물을(무를) 때
바람이(바라미) 내게 물을(무를) 때
나는 하늘이(하느리) 되어 바람이(바라미) 되어
대답하였다(대다파엳따)
사람들이(사람드리) 그의(그에) 괴로움을(괴로우믈) 물을(무를) 때
그의(그에) 괴로움이(괴로우미) 되었고(되얻꼬)
그의(그에) 슬픔을(슬프믈) 물을(무를) 때
그의(그에) 슬픔이(슬프미) 되었으며(되어쓰며)
그의(그에) 기쁨을(기쁘믈) 물을(무를) 때
그의(그에) 기쁨이(기쁘미) 되었다(되얻따)

처음에(처으메) 나는 바다이였다(바다이엳따)
바다를 떠다니는 물결이었다(물껴리얻따)
물결 속에(소게) 떠도는 물방울이었다(물빵우리얻따)
아지랑이가 되어 바다 꽃이(꼬치) 되어
하늘로 올라가고 싶은(시픈) 바램이었다(발래미얻따)
처음에(처으메) 나는 하늘이었다(하느리얻따)
하늘을(하느를) 흘러 다니는 구름이었다(구르미얻따)
구름속에(구름소게) 떠도는 물방울이었다(물빵우리얻따)
비가 되어 눈이(누니) 되어 땅으로 내려가고 싶은(시픈)
몸부림이었다(몸부리미얻따)

처음에(처으메) 그 처음에(처으메)
나는 어둠이었다(어두미얻따)
바다도 되고 하늘도 되는 어둠이었다(어두미얻따)

나는 사람들의(사람드레) 마음속에(마음쏘게)
깃들어(긷뜨러) 있는 그리움이며(그리우미며)
미움이며(미우미며) 말씀이며(말쓰미며) 소리였다
참으로(차므로) 오랫동안(오래똥안)
나는 떠돌아(떠도라) 다녔다(다녇따)
내 몸 속에(쏘게) 피와 눈물을(눈무를) 말렸고(말렫꼬)
뼈는 뼈대로 살은(사른) 살대로 추려
산과 강의(강에) 구석구석에(구석꾸서게) 묻어(무더) 두었고(두얻꼬)
불의(부레) 넋 물의(무레) 흐름으로만(흐르므로만) 남아(나마)
땅 속에(소게) 묻힌(무친) 하늘의(하느레) 소리
하늘로 올라간 땅 속의(소게) 소리를 들으려(드르려) 하였다

떠돌음이여(떠도르미여)
그 무엇도(무얻또) 될 수 없게(업께) 하는 바람이여(바라미여).
하늘과 땅 사이에 나를 묶어두는(무꺼두는)
이 기묘한 넋의(넉쎄) 힘이여(히미여)
이 소리의(소리에) 울림이여(울리미여)

인간의 감정에 비중을 두어 치열한 정신적 세계를 그린 '비천'은 종을 통하여 깨어 있는 자아를 찾으려는 간절함을 담은 박제천 시인의 대표적인 시다. 이 시는 6연으로 구분되어 있다. 제목은 평음 높은음으로 시작하여 '비천'에 힘을 주어 낭송한다. 제목이 짧기 때문에 제목을 낭송 뒤 3박자 쉰 다음 시인 이름에도 힘을 주고 '박제천' 천천히 낭송한다. 4박~5박자 쉰 후 첫 행을 낮은음으로 시작한다.

↾비천↗ /// ⊤박재천 /////

↓나는~종이었다/

↾하늘이~내게↝물을↝때~∨바람이~내게↝물을↝때~∨

↓나는↗ /↾[하늘이 되어]~[바람이 되어]↷↓대답하였다.∨

↓사람들이～∨↾그의⤴ 괴로움을⤴ 물을↝때～∨그의↝괴로움이↝

되었고～∨

↓그의～슬픔을↝물을↝때～╱↾그의⤴ 슬픔이↝되었으며～∨

↓그의～기쁨을↝물을↝때～╱↾그의⤴ 기쁨이～되었다╱╱╱

↾처음에⤴ 나는↝바다이였다╱

↑바다를⤴ 떠다니는↝물결이었다∨

↑물결⤴ 속에⤴ 떠도는↝물방울이었다∨

↾아지랑이가⤴ 되어⤴ 바다⤴ 꽃이↝되어⤴ ∨

↑하늘로⤴ 올라가고↝싶은↷↓바램이었다.╱╱╱

↾처음에～나는⤴ 하늘이었다∨

↾하늘을↝흘러 다니는↝구름이었다∨

↑구름속에⤴ 떠도는~물방울이었다∨

↑비가~되어⤴ 눈이~되어~∨↑땅으로⌒내려가고⌒싶은↓몸부림이었다///

↑처음에⌒그~처음에~∨나는⌒↓어둠이었다∨

↑바다도⌒되고⤴ 하늘도⌒되는⌒↓어둠이었다∨

↓나는⤴ /↑사람들의⤴ 마음속에⤴ 깃들어~있는~/

↑그리움이며⌒미움이며⌒말씀이며⌒∨↓소리였다///

↑참으로⤴ 오랫동안⤴ 나는⤴ 떠돌아 다녔다 ∨

↑내⌒몸⤴ 속⌒에~피와⤴ 눈물을⤴ 말렸고~∨↑뼈는⌒뼈대로⤴ 살은⌒살대로⤴ 추려⤴ ∨산과 강의⤴ 구석구석에⤴ ↓묻어~두었고∨

↓불의~넋/↑물의~흐름으로만⌒남아~∨↑땅⌒속에~묻힌⤴ 하늘

의 소리～∨

↑하늘로⤴ 올라간⤴ 땅⌒속의～소리를⌒들으려↷↓하였다///

↾떠돌음이여～//

↓그러나～나를⤴ /↾하늘도⤴ 바다도⤴ 어둠도⤴ ∨↑그⤴ 무엇도⤴ 될

수～없게⌒하는～↓바람이여～/

↓하늘과～땅⌒사이에～/↾나를⤴ 묶어두는⤴ ∨↑이 기묘한 넋의～

↓힘이여～//

⊤하늘과⌒땅～사이에⌒날게～하는～∨

↾이⤴ 소리의↷/⇂울림이여～

영원히 사랑한다는 것은 / 도종환

영원히 사랑한다는 것은
조용히 사랑한다는 것입니다
영원히 사랑한다는 것은
자연의 하나처럼 사랑한다는 것입니다
서둘러 고독에서 벗어나려 하지 않고
기다림으로 채워간다는 것입니다
비어 있어야 비로소 가득해지는 사랑
영원히 사랑한다는 것은
평온한 마음으로 아침을 맞는다는 것입니다

사랑하는 사람을 잃는 것은
몸 한 쪽이 허물어지는 것과 같아
골짝을 빠지는 산울림소리로
평생을 떠돌고도 싶습니다
그러나 사랑을 흙에 묻고
돌아보는 이 땅 위에
그림자 하나 남지 않고 말았을 때
바람 한 줄기로 깨닫는 것이 있습니다

이 세상에 사는 동안 모두 크고 작은 사랑의 아픔으로
절망하고 뉘우치고 원망하고 돌아서지만
사랑은 다시 믿음 다시 참음 다시 기다림
다시 비워두는 마음으로
하나가 되어야 한다는 것입니다

사랑으로 찢긴 가슴은
사랑이 아니고는 아물지 않지만
사랑으로 잃은 것들은

사랑이 아니고는 찾아지지 않지만
사랑으로 떠나간 것들은
사랑이 아니고는 다시 돌아오지 않지만

비우지 않고 어떻게 우리가
큰 사랑의 그속에 들 수 있습니까
한 개의 희고 깨끗한 그릇으로 비어 있지 않고야
어떻게 거듭거듭 가득 채울 수 있습니까
영원히 사랑한다는 것은
평온한 마음으로 다시 기다린다는 것입니다

<표준 발음 변환>

영원히 사랑한다는 것은(거슨) / 도종환

영원히 사랑한다는 것은(거슨)
조용히 사랑한다는 것입니다(거심니다)
영원히 사랑한다는 것은(거슨)
자연의(자연에) 하나처럼 사랑한다는 것입니다(거심니다)
서둘러 고독에서(고도게서) 벗어나려(버서나려) 하지 않고(안코)
기다림으로(기다리므로) 채워간다는 것입니다(거심니다)
비어 있어야(이써야) 비로소 가득해지는(가드캐지는) 사랑
영원히 사랑한다는 것은(거슨)
평온한 마음으로(마으므로) 아침을(아치믈) 맞는다는 것입니다(거심니다)

사랑하는 사람을(사라믈) 잃는(일른) 것은(거슨)
몸 한 쪽이(한 쪼기) 허물어지는(허무러지는) 것과 같아(가타)
골짝을(골짜글) 빠지는 산울림(사눌림)소리로
평생을 떠돌고도 싶습니다
그러나 사랑을 흙에(흘게) 묻고(묻꼬)
돌아보는 이 땅 위에
그림자 하나 남지 않고(안코) 말았을(마라쓸) 때
바람 한 줄기로 깨닫는 것이(거시) 있습니다

이 세상에 사는 동안 모두 크고 작은(자근) 사랑의 아픔으로
절망하고 뉘우치고 원망하고 돌아서지만
사랑은 다시 믿음 다시 참음 다시 기다림
다시 비워두는 마음으로
하나가 되어야 한다는 것입니다(거심니다)

사랑으로 찢긴(찓낀) 가슴은(가스믄)
사랑이 아니고는 아물지 않지만(안치만)
사랑으로 잃은(이른) 것들은(걷뜨른)
사랑이 아니고는 찾아지지(차자지지) 않지만(안치만)
사랑으로 떠나간 것들은(걷뜨른)
사랑이 아니고는 다시 돌아오지(도라오지) 않지만(안치만)

비우지 않고(안코) 어떻게(어떠케) 우리가
큰 사랑의 그속에(그소게) 들 수 있습니까(읻씀니까)
한 개의 희고 깨끗한(깨끄탄) 그릇으로(그르스로) 비어 있지(읻찌)
않고야(안코야)
어떻게(어떠케) 거듭거듭 가득 채울 수 있습니까(읻씀니까)
영원히 사랑한다는 것은(거슨)
평온한 마음으로(마으므로) 다시 기다린다는 것입니다(거심니다)

클리닉 9

<낭송 방법>

1984년 동인지 분단시대 시 '고두미 마을에서' 등단한 도종환 시인의 대표적인 시다. 이 시는 5연으로 구분되어 있다. 제목은 평음 높은음으로 '영원히 사랑한다는 것은' 시작하여 제목을 낭송 뒤 3박자 쉰 후 제목이 길기 때문에 평음으로 '도종환' 짧게 한다. 4박~5박자 쉰 다음 첫 행을 평음 높은음으로 낭송한다.

↾영원히↗ 사랑한다는↝것은 /// ⊤도종환 /////

↾영원히↗ 사랑한다는↝것은↷/

↓조용히↷↾사랑한다는↝것입니다 /

↾영원히↗ 사랑한다는↝것은↗ ∨

↑자연의↗ 하나처럼↗ 사랑한다는↷↓것입니다/

↾서둘러↗ 고독에서↗ 벗어나려~하지⌒않고↷/

↓기다림으로↗ ∨↑채워간다는↝것입니다/

↓비어~있어야↗ /↑비로소↗ 가↝득해지는↝사랑↷/

↓영원히~사랑한다는↝것은↷/

↓평온한↗ 마음으로↗ ∨↑아침을↗ 맞는다는↷↓것입니다///

↑사랑하는↗ 사람을↗ 잃는↝것은↷∨

↑몸↗ 한↝쪽이↗ 허물어지는↝↓것과~같아~

↑골짝을↗ 빠지는↗ 산울림~소리로↷∨

↑평생을↗ 떠돌고도↷↓싶습니다/

↓그러나/↑사랑을↝흙에↝묻고~∨

⊤돌아보는↗ 이↗ 땅↝위에~∨

↑그림자↗ 하나↗ 남지↝않고↷↓말았을↝때∨

↾바람⤴ 한⌒줄기로⤴ 깨닫는⤴ 것이↷↓있습니다///

↾이⤴ 세상에⤴ 사는⌒동안⤴ ∨↑모두⤴ 크고⤴ 작은⤴ 사랑의⌒아픔

으로 ∨

↾절망하고⤴ ∨↾뉘우치고⤴ 원망하고↷↓돌아[서지만]↷∨

↓사랑은～/↾다시⌒<믿음⤴ 다시⌒참음～다시⌒>기다림 /

↓다시⌒비>워두는⌒마음으로～/

↾하나가⤴ 되어야⤴ 한다는↷↓것입니다///

↾사랑으로⤴ 찢긴⤴ 가슴은∨

↑사랑이⤴ 아니고는⤴ 아물지⌒↓않지만～∨

↓사랑으로⌒잃은⌒것들은⤴ /

↾사랑이⤴ 아니고는⤴ 찾아지지～↓않지만/

↓사랑으로⌒떠나간⌒것들은/

↑사랑이↗ 아니고는↗ 다시↗ 돌아오지↷↓않지만///

↑비우지⌒않고~어떻게↗ 우리가↗ ∨

↑큰↗ 사랑의↗ 그속에↗ 들⌒수↷↓있습니까↗ //

↑한⌒개의↗ 희고↗ 깨끗~한↗ 그릇으로⌒비어~있지↓않고야/

↑어떻게↗ 거듭거듭↗ 가득⌒↑채울↗ 수⌒있습니까↗

↑영원히⌒사랑한다는⌒것은↷/

↓평온한⌒마음으로~/↑다시↗ 기다린다는↷/↓것입니다

인연서설 / 문병란

꽃이 꽃을 향하여 피어나듯이
사람과 사람이 서로 사랑하는 것은
그렇게 묵묵히 서로를 바라보는 일이다.

물을 찾는 뿌리를 안으로 감춘 채
원망과 그리움을 불길로 건네며
너는 나의 애달픈 꽃이 되고
나는 너의 서러운 꽃이 된다.

사랑은 저만치 피어 있는 한 송이 풀꽃
이 애틋한 몸짓
서로의 빛깔과 냄새를 나누어 가지며
사랑은 가진 것 하나씩 잃어가는 일이다.

각기 다른 인연의 한 끝에 서서
눈물에 젖은 정한 눈빛 하늘거리며
바람결에도 곱게 무늬지는 가슴
사랑은 서로의 눈물 속에 젖어가는 일이다.

오가는 인생 길에 애틋이 피어났던
너와 나의 애달픈 연분도
가시덤불 찔레꽃으로 어우러지고
다하지 못한 그리움
사랑은 하나가 되려나
마침내 부서진 가슴 핏빛 노을로 타오르나니

이 밤도 파도는 밀려와

잠 못드는 바닷가에 모래알로 부서지고
사랑은 서로의 가슴에 가서
고이 죽어 가는 일이다.

<표준 발음 변환>

인연(이년)서설 - 문병란

꽃이(꼬치) 꽃을(꼬츨) 향하여 피어나듯이(피어나드시)
사람과 사람이(사라미) 서로 사랑하는 것은(거슨)
그렇게(그러케) 묵묵히(뭉무키) 서로를 바라보는 일이다(이리다)

물을(무를) 찾는(찬는) 뿌리를 안으로(아느로) 감춘 채
원망과 그리움을(그리우믈) 불길로(불낄로) 건네며
너는 나의(나에) 애달픈 꽃이(꼬치) 되고
나는 너의(너에) 서러운 꽃이(꼬치) 된다

사랑은 저만치 피어 있는 한 송이 풀꽃(풀꼳)
이 애틋한(애트탄) 몸짓
서로의(서로에) 빛깔(빋깔)과 냄새를 나누어 가지며
사랑은 가진 것 하나씩 잃어가는(이러가는) 일이다

각기 다른 인연의(이녀네) 한 끝에(끄테) 서서
눈물에(눈무레) 젖은(저즌) 정한 눈빛(눈삗) 하늘거리며
바람결에도 곱게(곱께) 무늬지는 가슴
사랑은 서로의(서로에) 눈물 속에(소게) 젖어가는(저저가는) 일이다
(이리다)

오가는 인생 길에(기레) 애틋이(애트시) 피어났던(피어낟떤)

너와 나의 애달픈 연분도
가시덤불 찔레꽃으로(찔레꼬츠로) 어우러지고
다하지 못한(모탄) 그리움
사랑은 하나가 되려나
마침내 부서진 가슴 핏빛(피삗) 노을로 타오르나니
이 밤도 파도는 밀려와
잠 못 드는(몯 뜨는) 바닷가에(바다까에) 모래알로 부서지고
사랑은 서로의(서로에) 가슴에(가스메) 가서
고이 죽어(주거) 가는 일이다(이리다)

클리닉 10

<낭송 방법>

시는 시인에게 하나의 신앙과 같은 것이다. 시를 통해 부조리나 각종 횡포 속에서 자신을 지킬 수 있다며, 시의 창조를 분만의 고통에 비유한 민족시인 문병란의 대표적인 시다. 이 시는 6연으로 구분되어 있다. 제목은 평음 높은음으로 '인연서설'에 힘을 주어 시작한다. 제목을 낭송 뒤 3박자 쉰 후 평음으로 '문병란'을 낭송하면 된다. 4박~5박자 쉰 다음 첫 행을 평음 높은음으로 낭송한다.

↾인연⤴ 서설 /// ⊤문병란/////

↓꽃이~/ 꽃을⤴ 향하여⤴ 피어나듯이~/

↾사람과⌣사람이⌣서로~사랑하는↷↓것은↷/

↓그렇게/↾묵묵히⤴ 서로를⤴ 바라보는↷↓일이다.///

↾물을⤴ 찾는⤴ 뿌리를⤴ 안으로⌣↓감춘⌣채~/

↑원망과↗ 그리움을↗ 불길로↷ ↓건네며↷∨

↓너는↗ /↾나의↗ 애달픈↗ 꽃이↝되고~∨

↑나는↗ 너의↗ 서러운↗ ↓꽃이~된다.///

↑사랑은↗ 저만치↗ 피어~있는↗ 한↝송이↷∨ ↓풀꽃~∨

⊤이↗ 애틋한↝몸짓↷/

↾서로의↗ 빛깔과↗ 냄새를↗ 나누어↷ ↓가지며↷/

↓사랑은↗ /↑가진↝것↗ 하나씩↗ 잃어가는↷ ↓일이다.///

↾각기↗ 다른↝인연의↗ 한↝끝에↗ 서서~∨

↑눈물에↗ 젖은↗ 정한↗ 눈빛↷ ↓하늘~거리며↷/

↓바람결에도~/↾곱게↗ 무너지는↝가슴~∨

↑사랑은↗ 서로의↗ 눈물↗ 속에↗ ↓젖어가는↝일이다.///

부록

부록

01 시인별 시낭송대회 추천 시

시인	시제
강우식	어머니의 물감상자
고은	숲의 노래
	성묘
	신해가사
	상구두쇠
	자작나무 숲으로 가서
	내일
	촛불 앞에서
고재종	앞강도 야위는 이 그리움
고정희	네가 그리우면 나는 울었다
	모든 사라지는 것들은 뒤에 여백을 남긴다
	내 슬픔 저리하다 이름했습니다-편지 11
	상한 영혼을 위하여
	가을 편지
곽재구	조선의 눈동자
	사평역에서
	20년 후의 가을
	은선리 오층석탑 이야기
	그리운 남쪽
	바람 소리
	기다림
	새벽 편지
	희망을 위하여
기형도	빈집
	노을
	식목제

시인	시제
김광규	희미한 옛사랑의 그림자
김광균	설야
김기림	연가
	바다와 나비
	길
김남조	겨울 바다
	가난한 이름에게
	정념의 기
	심장이 아프다
	마지막 장미
	생명
	너를 위하여
	가난한 이름에게
	나무들
	후조
김남주	나는 나의 시가
	함께 가자 우리 이 길을
	조국은 하나다
김소엽	낙엽의 꿈
김소월	산
	초혼
	먼 후일
	그 사람에게
김수영	풀
	나의 가족
김승희	남도창
	낙화암 벼랑 위의 태양의 바라의 춤
	미완성을 위한 연가
김억	오다 가다

시인	시제
김영랑	내 마음을 아실이
	모란이 피기까지는
김용택	세희
	섬진강 매화꽃을 보셨는지요
	새들이 조용할 때
김재진	누구나 혼자이지 않은 사람은 없다
김종길	성탄제
김지하	새
	황톳길
	오적
	타는 목마름으로
김춘수	처용단장
	집
	꽃의 시인
	능금
	꽃
김현승	슬픈 아버지
	감사하는 마음
	가을의 기도
노천명	고별
	이름 없는 여인이 되어
	들국화
	남사당
	사슴
	추풍에 부치는 노래

시인	시제
도종환	영원히 사랑한다는 것은
	담쟁이
	접시꽃 당신
	하나의 과일이 익을 때까지
	풀잎 하나를 사랑하는 일도 괴로움입니다
	함께 있는 우리를 보고 싶다
	멀리 가는 물
	가지 않을 수 없던 길
	당신은 누구십니까
류시화	시월 새벽
마종기	우화의 강
	바람의 말
문병란	바다가 내게
	직녀에게
	꽃가게 앞을 지나며
	아버지의 귀로
	목포
	불혹의 연가
	땅의 연가
	죽순밭에서
	인연서설
	식민지의 국어시간
문정희	새 아리랑
	베개
	한계령을 위한 연가
	가을 노트
	흙

시인	시제
박두진	설악부
	청산도
	유전도
	강강수월래
	푸른 하늘 아래
	올라갈 수도 없이 높은 산의 하늘 마당
	바다의 영가
	해의 품으로
	도봉
	갈보리의 노래
	고향
	해의 품으로
	서한체
	어서 너는 오너라
	거울 앞에서
	돌의 노래
	마법의 새
	어떤 노을
	해
	휩쓸려 가는 것은 바람이다
	기
	별
	흰 장미와 백합꽃을 흔들며
박목월	만술 아비의 축문
	이별가
박봉우	휴전선
박성룡	바람 부는 날
박영희	월광으로 짠 병실

시인	시제
박인환	목마와 숙녀
	얼굴
박재삼	울음이 타는 가을 강
박재천	비천
박진환	사랑법
백석	모닥불
	고독
	남신의주 유동 박시봉방
	흰 바람벽이 있어
	허준
	북방에서
변영로	논개
복효근	어느 대나무의 고백
	목련 후기
서정윤	홀로서기
	이 겨울은
	사랑의 전설
서정주	무등을 보며
	푸르른 날
	자화상
	내리는 눈발 속에서는
	상리과원
	바다
	석굴암 관세음의 노래
	화사
	풀리는 한강 가에서
	국화 옆에서
	신록
	쑥국새 타령

시인	시제
서정주	광화문
	신부
	이런 나라를 아시나요
	학
	인연설화조
	부활
	역려
성찬경	추사의 글씨에게
손택수	아버지와 느티나무
	아버지의 등을 밀며
송수권	여승
	한국의 강
	혼자 가는 선재
	종이학
	정든 땅 정든 언덕 위에
	산문에 기대어
	무량수전 배흘림기둥에 기대어
	등잔
신경림	농무
	갈대
	가난한 사랑 노래
	나무여, 큰 나무여
	강은 가르지 않고, 막지 않는다
	어머니와 할머니의 실루엣
신동엽	누가 하늘을 보았다 하는가
	조국
	껍데기는 가라
	4월은 갈아엎는 달
신동집	목숨
	어떤 사람

시인	시제
신동호	저물 무렵
	봄날 피고진 꽃에 대한 기억
신석정	그 먼 나라를 알으십니까
	임께서 부르시면
	역사
	고원에 보내는 시
	영구차의 역사
	전아사
	가을이 지금은 먼 길을 떠나려 하나니
	차라리 한그루 푸른대로
	아직 촛불을 켤 때가 아닙니다
신석초	바라춤
	처용은 말한다
	비취단장
심훈	오오! 조선의 남아여!
	그날이 오면
안도현	연탄 한 장
	그대에게 가고 싶다
	나무
	빈논
	가을 엽서
	바닷가 우체국
	서울로 가는 전봉준
양명문	독수리의 비가
	송가
오규원	사랑의 감옥

시인	시제
오세영	아! 훈민정음
	노래하리라
	그리움에 지치거든
	원시
오장환	푸른 열매
	고행 앞에서
유안진	자화상
	지란지교를 꿈꾸며
유자효	이 가을에 우리는
	세한도
유치환	행복
	칼을 갈라
	수선화
	바다
	초상집
	광야에 와서
	식목제
	나무에 노래
	세월
윤동주	별 헤는 밤
	또 다른 고향
	사랑스런 추억
	흰 그림자
	한 난계
	병원
	쉽게 씌어진 시
	투르게네프의 언덕
	길

시인	시제
이근배	노래여 노래여
	사람들이 새가 되고 싶은 까닭을 안다
	금강산은 길을 묻지 않는다
	겨울행
	청령포에 와서
	북위선
이기철	지상에서 부르고 싶은 노래
	물긷는 사람
	언제 삶이 위기 아닌 적 있었던가
	별까지는 가야한다
	열하를 향하여
	지상의 끼니
	근심을 지펴 밥을 짓는다
	여기에 우리 머물며
	내가 만난 사람은 모두 아름다웠다
	사람과 함께 이 길을 걸었네
	저물어 그리워지는 것들
	내가 바라는 세상
	나는 생이라는 말을 얼마나 사랑했던가
이미애	아버지의 기침 소리
이상현	철마는 달리고 싶다
이상화	빼앗긴 들에도 봄은 오는가
	동경에서
	역천
	이별을 하느니
	나의 침실로
이생진	저걸 어쩌나
	그리운 바다 성산포

시인	시제
이성복	꽃피는 시절
이수익	승천
	결빙의 아버지
	우울한 샹송
이용악	두만강 너 우리의 강아
이육사	자야곡
	해후
이은상	너라고 불러보는 조국아
이장희	하일소경
이한호	이름이여 빛이여 사랑이여
이해인	바다여 당신은
	당신의 숲속에서
	오늘은 내가 반달로 떠도
	말을 위한 기도
	단추를 달듯
	봄 아침
	희망에게
이향아	가을 강물 소리는
	콩나물을 다듬으며
이형기	낙화
	비
임영조	허수아비의 춤
임찬일	보리밭
전봉건	뼈저린 꿈에서만
정일근	둥근, 어머니의 두레밥상
	연가
	날아오르는 산
	기다린다는 것에 대하여

시인	시제
정지용	향수
	카페 프란스
	백록담
	석류
정한모	바람 속에서
	가을에
정호승	정동진
	연어
	서울의 예수
	우리가 어느 별에서
	첨성대
	임진강에서
	종이배
조동화	낙동강
	나 하나 꽃피어
조병화	고독하다는 것은
	늘, 혹은 때때로
조지훈	낙화
	승무
	고풍의상
	절정
	사모
	석문
최영미	사랑의 힘
	속초에서

시인	시제
한용운	님의 침묵
	찬송
	금강산
	논개의 애인이 되어서 그의 묘에
	나 그렇게 당신을 사랑합니다
	사랑하는 까닭
	이별
	칠석
	당신을 보았습니다
	사랑을 사랑하여요
	고대
	오셔요
	눈물
함동선	눈 감으면 보이는 어머니
함석헌	그 사람을 가졌는가
허영자	그 눈부심 불기둥 되어
	자수
홍윤숙	낙엽의 노래
	박꽃
황금찬	심상
	꽃 한 송이 드리리다
	바다 환상곡
	비둘기를 날리며
	출발을 위한 날개
	어머님의 아리랑
	박꽃
황동규	이것이 괴로움인가 기쁨인가
	즐거운 편지
	시월
황순원	압록강의 밤이여
황지우	겨울-나무로부터 봄-나무에로
	너를 기다리는 동안

02 표준 발음법

제1절 총칙

제1항 표준 발음법은 표준어의 실제 발음을 따르되, 국어의 전통성과 합리성을 고려하여 정함을 원칙으로 한다.

제2절 자음과 모음

제2항 표준어의 자음은 다음 19개로 한다.

ㄱ ㄲ ㄴ ㄷ ㄸ ㄹ ㅁ ㅂ ㅃ ㅅ

ㅆ ㅇ ㅈ ㅉ ㅊ ㅋ ㅌ ㅍ ㅎ

제3항 표준어의 모음은 다음 21개로 한다.

ㅏ ㅐ ㅑ ㅒ ㅓ ㅔ ㅕ ㅖ ㅗ ㅘ ㅙ

ㅚ ㅛ ㅜ ㅝ ㅞ ㅟ ㅠ ㅡ ㅢ ㅣ

제4항 'ㅏ ㅐ ㅓ ㅔ ㅗ ㅚ ㅜ ㅟ ㅡ ㅣ'는 단모음(單母音)으로 발음한다.

[붙임] 'ㅚ, ㅟ'는 이중 모음으로 발음할 수 있다.

제5항 'ㅑ ㅒ ㅕ ㅖ ㅘ ㅙ ㅛ ㅝ ㅞ ㅠ ㅢ'는 이중 모음으로 발음한다.

다만 1. 용언의 활용형에 나타나는 '져, 쪄, 쳐'는 [저, 쩌, 처]로 발음한다.

가지어→가져[가저]	찌어→쪄[쩌]	다치어→다쳐[다처]

다만 2. '예, 례' 이외의 'ㅖ'는 [ㅔ]로도 발음한다.

계집[계:집/게:집]	계시다[계:시다/게:시다]	시계[시계/시게](時計)
연계[연계/연게](連繫)	메별[메별/메별](袂別)	개폐[개폐/개페](開閉)
혜택[혜:택/헤:택](惠澤)	지혜[지혜/지헤](智慧)	

다만 3. 자음을 첫소리로 가지고 있는 음절의 'ㅢ'는 [ㅣ]로 발음한다.

늴리리	닁큼	무늬	띄어쓰기	씌어
틔어	희어	희떱다	희망	유희

다만 4. 단어의 첫음절 이외의 '의'는 [ㅣ]로, 조사 '의'는 [ㅔ]로 발음함도 허용한다.

주의[주의/주이]	협의[혀븨/혀비]
우리의[우리의/우리에]	강의의[강:의의/강:이에]

제3절 음의 길이

제6항 모음의 장단을 구별하여 발음하되, 단어의 첫음절에서만 긴소리가 나타나는 것을 원칙으로 한다.

(1) 눈보라[눈:보라]	말씨[말:씨]	밤나무[밤:나무]
많다[만:타]	멀리[멀:리]	벌리다[벌:리다]
(2) 첫눈[천눈]	참말[참말]	쌍동밤[쌍동밤]
수많이[수:마니]	눈멀다[눈멀다]	떠벌리다[떠벌리다]

다만, 합성어의 경우에는 둘째 음절 이하에서도 분명한 긴소리를 인정한다.

반신반의[반:신 바:늬/반:신 바:니]	재삼재사[재:삼 재:사]

[붙임] 용언의 단음절 어간에 어미 '-아/-어'가 결합되어 한 음절로 축약되는 경우에도 긴소리로 발음한다.

보아 → 봐[봐:]	기어 → 겨[겨:]	되어 → 돼[돼:]
두어 → 둬[둬:]	하여 → 해[해:]	

다만, '오아 → 와, 지어 → 져, 찌어 → 쪄, 치어 → 쳐' 등은 긴소리로 발음하지 않는다.

제7항 긴소리를 가진 음절이라도, 다음과 같은 경우에는 짧게 발음한다.

1. 단음절인 용언 어간에 모음으로 시작된 어미가 결합되는 경우

감다[감:따] — 감으니[가므니]	밟다[밥:따] — 밟으면[발브면]
신다[신:따] — 신어[시너]	알다[알:다] — 알아[아라]

다만, 다음과 같은 경우에는 예외적이다.

끌다[끌:다] — 끌어[끄:러]	떫다[떨:따] — 떫은[떨:븐]
벌다[벌:다] — 벌어[버:러]	썰다[썰:다] — 썰어[써:러]
없다[업:따] — 없으니[업:쓰니]	

2. 용언 어간에 피동, 사동의 접미사가 결합되는 경우

감다[감:따] — 감기다[감기다]	꼬다[꼬:다] — 꼬이다[꼬이다]
밟다[밥:따] — 밟히다[발피다]	

다만, 다음과 같은 경우에는 예외적이다.

끌리다[끌:리다]	벌리다[벌:리다]	없애다[업:쌔다]

[붙임] 다음과 같은 복합어에서는 본디의 길이에 관계없이 짧게 발음한다.

밀-물	썰-물	쏜-살-같이	작은-아버지

제4절 받침의 발음

제8항 받침소리로는 'ㄱ, ㄴ, ㄷ, ㄹ, ㅁ, ㅂ, ㅇ'의 7개 자음만 발음한다.

제9항 받침 'ㄲ, ㅋ', 'ㅅ, ㅆ, ㅈ, ㅊ, ㅌ', 'ㅍ'은 어말 또는 자음 앞에서 각각 대표음 [ㄱ, ㄷ, ㅂ]으로 발음한다.

닦다[닥따]	키읔[키윽]	키읔과[키윽꽈]	옷[옫]
웃다[욷:따]	있다[읻따]	젖[젇]	빚다[빋따]
꽃[꼳]	쫓다[쫃따]	솥[솓]	뱉다[밷:따]
앞[압]	덮다[덥따]		

제10항 겹받침 'ㄳ', 'ㄵ', 'ㄼ, ㄽ, ㄾ', 'ㅄ'은 어말 또는 자음 앞에서 각각 [ㄱ, ㄴ, ㄹ, ㅂ]으로 발음한다.

넋[넉]	넋과[넉꽈]	앉다[안따]	여덟[여덜]
넓다[널따]	외곬[외골]	핥다[할따]	값[갑]
없다[업:따]			

다만, '밟-'은 자음 앞에서 [밥]으로 발음하고, '넓-'은 다음과 같은 경우에 [넙]으로 발음한다.

(1) 밟다[밥:따]	밟소[밥:쏘]	밟지[밥:찌]
밟는[밥:는→밤:는]	밟게[밥:께]	밟고[밥:꼬]
(2) 넓-죽하다[넙쭈카다]	넓-둥글다[넙뚱글다]	

제11항 겹받침 'ㄺ, ㄻ, ㄿ'은 어말 또는 자음 앞에서 각각 [ㄱ, ㅁ, ㅂ]으로 발음한다.

닭[닥]	흙과[흑꽈]	맑다[막따]	늙지[늑찌]
삶[삼:]	젊다[점:따]	읊고[읍꼬]	읊다[읍따]

다만, 용언의 어간 말음 'ㄺ'은 'ㄱ' 앞에서 [ㄹ]로 발음한다.

맑게[말께]	묽고[물꼬]	얽거나[얼꺼나]

제12항 받침 'ㅎ'의 발음은 다음과 같다.

1. 'ㅎ(ㄶ, ㅀ)' 뒤에 'ㄱ, ㄷ, ㅈ'이 결합되는 경우에는, 뒤 음절 첫소리와 합쳐서 [ㅋ, ㅌ, ㅊ]으로 발음한다.

놓고[노코]	좋던[조:턴]	쌓지[싸치]
많고[만:코]	않던[안턴]	닳지[달치]

[붙임 1] 받침 'ㄱ(ㄺ), ㄷ, ㅂ(ㄼ), ㅈ(ㄵ)'이 뒤 음절 첫소리 'ㅎ'과 결합되는 경우에도, 역시 두 음을 합쳐서 [ㅋ, ㅌ, ㅍ, ㅊ]으로 발음한다.

각하[가카]	먹히다[머키다]	밝히다[발키다]	맏형[마텽]
좁히다[조피다]	넓히다[널피다]	꽂히다[꼬치다]	앉히다[안치다]

[붙임 2] 규정에 따라 'ㄷ'으로 발음되는 'ㅅ, ㅈ, ㅊ, ㅌ'의 경우에도 이에 준한다.

옷 한 벌[오탄벌]	낮 한때[나탄때]	꽃 한 송이[꼬탄송이]
숱하다[수타다]		

2. 'ㅎ(ㄶ, ㅀ)' 뒤에 'ㅅ'이 결합되는 경우에는, 'ㅅ'을 [ㅆ]으로 발음한다.

닿소[다쏘]	많소[만:쏘]	싫소[실쏘]

3. 'ㅎ' 뒤에 'ㄴ'이 결합되는 경우에는, [ㄴ]으로 발음한다.

놓는[논는]	쌓네[싼네]

[붙임] 'ㄶ, ㅀ' 뒤에 'ㄴ'이 결합되는 경우에는, 'ㅎ'을 발음하지 않는다.

않네[안네]	않는[안는]	뚫네[뚤네→뚤레]	뚫는[뚤는→뚤른]

* '뚫네[뚤네→뚤레], 뚫는[뚤는→뚤른]'에 대해서는 제20항 참조.

4. 'ㅎ(ㄶ, ㅀ)' 뒤에 모음으로 시작된 어미나 접미사가 결합되는 경우에는, 'ㅎ'을 발음하지 않는다.

낳은[나은]	놓아[노아]	쌓이다[싸이다]	많아[마:나]
않은[아는]	닳아[다라]	싫어도[시러도]	읊다[읍따]

제13항 홑받침이나 쌍받침이 모음으로 시작된 조사나 어미, 접미사와 결합되는 경우에는, 제 음가대로 뒤 음절 첫소리로 옮겨 발음한다.

깎아[까까]	옷이[오시]	있어[이써]	낮이[나지]
꽂아[꼬자]	꽃을[꼬츨]	쫓아[쪼차]	밭에[바테]
앞으로[아프로]	덮이다[더피다]		

제14항 겹받침이 모음으로 시작된 조사나 어미, 접미사와 결합되는 경우에는, 뒤엣것만을 뒤 음절 첫소리로 옮겨 발음한다.(이 경우, 'ㅅ'은 된소리로 발음함.)

넋이[넉씨]	앉아[안자]	닭을[달글]	젊어[절머]
곬이[골씨]	핥아[할타]	읊어[을퍼]	값을[갑쓸]
없어[업:써]			

제15항 받침 뒤에 모음 'ㅏ, ㅓ, ㅗ, ㅜ, ㅟ' 들로 시작되는 실질 형태소가 연결되는 경우에는, 대표음으로 바꾸어서 뒤 음절 첫소리로 옮겨 발음한다.

밭 아래[바다래]	늪 앞[느밥]	젖어미[저더미]
맛없다[마덥따]	겉옷[거돋]	헛웃음[허두슴]
꽃 위[꼬뒤]		

다만, '맛있다, 멋있다'는 [마싣따], [머싣따]로도 발음할 수 있다.

[붙임] 겹받침의 경우에는, 그 중 하나만을 옮겨 발음한다.

넋 없다[너겁따]	닭 앞에[다가페]	값어치[가버치]
값있는[가빈는]		

제16항 한글 자모의 이름은 그 받침소리를 연음하되, 'ㄷ, ㅈ, ㅊ, ㅋ, ㅌ, ㅍ, ㅎ'의 경우에는 특별히 다음과 같이 발음한다.

디귿이[디그시]	디귿을[디그슬]	디귿에[디그세]
지읒이[지으시]	지읒을[지으슬]	지읒에[지으세]
치읓이[치으시]	치읓을[치으슬]	치읓에[치으세]
키읔이[키으기]	키읔을[키으글]	키읔에[키으게]
티읕이[티으시]	티읕을[티으슬]	티읕에[티으세]
피읖이[피으비]	피읖을[피으블]	피읖에[피으베]
히읗이[히으시]	히읗을[히으슬]	히읗에[히으세]

제5절 음의 동화

제17항 받침 'ㄷ, ㅌ(ㄾ)'이 조사나 접미사의 모음 'ㅣ'와 결합되는 경우에는, [ㅈ, ㅊ]으로 바꾸어서 뒤 음절 첫소리로 옮겨 발음한다.

곧이듣다[고지듣따]	굳이[구지]	미닫이[미다지]
땀받이[땀바지]	밭이[바치]	벼훑이[벼훌치]

[붙임] 'ㄷ' 뒤에 접미사 '히'가 결합되어 '티'를 이루는 것은 [치]로 발음한다.

굳히다[구치다]	닫히다[다치다]	묻히다[무치다]

제18항 받침 'ㄱ(ㄲ, ㅋ, ㄳ, ㄺ), ㄷ(ㅅ, ㅆ, ㅈ, ㅊ, ㅌ, ㅎ), ㅂ(ㅍ, ㄼ, ㄿ, ㅄ)'은 'ㄴ, ㅁ' 앞에서 [ㅇ, ㄴ, ㅁ]으로 발음한다.

먹는[멍는]	국물[궁물]	깎는[깡는]	키읔만[키응만]
몫몫이[몽목씨]	긁는[긍는]	흙만[흥만]	닫는[단는]
짓는[진:는]	옷맵시[온맵씨]	있는[인는]	맞는[만는]
젖멍울[전멍울]	쫓는[쫀는]	꽃망울[꼰망울]	붙는[분는]
놓는[논는]	잡는[잠는]	밥물[밤물]	앞마당[암마당]
밟는[밤:는]	읊는[음는]	없는[엄:는]	값매다[감매다]

[붙임] 두 단어를 이어서 한 마디로 발음하는 경우에도 이와 같다.

책 넣는다[챙넌는다]	흙 말리다[흥말리다]	옷 맞추다[온맏추다]
밥 먹는다[밤멍는다]	값 매기다[감매기다]	

제19항 받침 'ㅁ, ㅇ' 뒤에 연결되는 'ㄹ'은 [ㄴ]으로 발음한다.

담력[담:녁]	침략[침냑]	강릉[강능]
항로[항:노]	대통령[대:통녕]	

[붙임] 받침 'ㄱ, ㅂ' 뒤에 연결되는 'ㄹ'도 [ㄴ]으로 발음한다.

막론[막논→망논]	백리[백니→뱅니]
협력[협녁→혐녁]	십리[십니→심니]

제20항 'ㄴ'은 'ㄹ'의 앞이나 뒤에서 [ㄹ]로 발음한다.

(1) 난로[날:로]	신라[실라]	천리[철리]
광한루[광:할루]	대관령[대:괄령]	
(2) 칼날[칼랄]	물난리[물랄리]	줄넘기[줄럼끼]
할는지[할른지]		

[붙임] 첫소리 'ㄴ'이 'ㅀ', 'ㄾ' 뒤에 연결되는 경우에도 이에 준한다.

닳는[달른]	뚫는[뚤른]	핥네[할레]

다만, 다음과 같은 단어들은 'ㄹ'을 [ㄴ]으로 발음한다.

의견란[의:견난]	임진란[임:진난]	생산량[생산냥]	결단력[결딴녁]
공권력[공꿘녁]	동원령[동:원녕]	상견례[상견녜]	횡단로[횡단노]
이원론[이:원논]	입원료[이붠뇨]	구근류[구근뉴]	

제21항 위에서 지적한 이외의 자음동화는 인정하지 않는다.

감기[감:기](×[강:기])	옷감[옫깜](×[옥깜])
있고[읻꼬](×[익꼬])	꽃길[꼳낄](×[꼭낄])
젖먹이[전머기](×[점머기])	문법[문뻡](×[뭄뻡])
꽃밭[꼳빧](×[꼽빧])	

제22항 다음과 같은 용언의 어미는 [어]로 발음함을 원칙으로 하되, [여]로 발음함도 허용한다.

되어[되어/되여]　　피어[피어/피여]

[붙임] '이오, 아니오'도 이에 준하여 [이요, 아니요]로 발음함을 허용한다.

제6절 경음화

제23항 받침 'ㄱ(ㄲ, ㅋ, ㄳ, ㄺ), ㄷ(ㅅ, ㅆ, ㅈ, ㅊ, ㅌ), ㅂ(ㅍ, ㄼ, ㄿ, ㅄ)' 뒤에 연결되는 'ㄱ, ㄷ, ㅂ, ㅅ, ㅈ'은 된소리로 발음한다.

국밥[국빱]	깎다[깍따]	넋받이[넉빠지]
삯돈[삭똔]	닭장[닥짱]	칡범[칙뻠]
뻗대다[뻗때다]	옷고름[옫꼬름]	있던[읻떤]
꽂고[꼳꼬]	꽃다발[꼳따발]	낯설다[낟썰다]
밭갈이[받까리]	솥전[솓쩐]	곱돌[곱똘]
덮개[덥깨]	옆집[엽찝]	넓죽하다[넙쭈카다]
읊조리다[읍쪼리다]	값지다[갑찌다]	

제24항 어간 받침 'ㄴ(ㄵ), ㅁ(ㄻ)' 뒤에 결합되는 어미의 첫소리 'ㄱ, ㄷ, ㅅ, ㅈ'은 된소리로 발음한다.

신고[신:꼬]	껴안다[껴안따]	앉고[안꼬]
닮고[담:꼬]	삼고[삼:꼬]	더듬지[더듬찌]
얹다[언따]	젊지[점:찌]	

다만, 피동, 사동의 접미사 '-기-'는 된소리로 발음하지 않는다.

안기다	감기다	굶기다	옮기다

제25항 어간 받침 'ㄼ, ㄾ' 뒤에 결합되는 어미의 첫소리 'ㄱ, ㄷ, ㅅ, ㅈ'은 된소리로 발음한다.

넓게[널께]	핥다[할따]	훑소[훌쏘]	떫지[떨:찌]

제26항 한자어에서, 'ㄹ' 받침 뒤에 연결되는 'ㄷ, ㅅ, ㅈ'은 된소리로 발음한다.

갈등[갈뜽]	발동[발똥]	절도[절또]	말살[말쌀]
불소[불쏘](弗素)	일시[일씨]	갈증[갈쯩]	물질[물찔]
발전[발쩐]	몰상식[몰쌍식]	불세출[불쎄출]	

다만, 같은 한자가 겹쳐진 단어의 경우에는 된소리로 발음하지 않는다.

허허실실[허허실실](虛虛實實)	절절-하다[절절하다](切切-)

제27항 관형사형 '-(으)ㄹ' 뒤에 연결되는 'ㄱ, ㄷ, ㅂ, ㅅ, ㅈ'은 된소리로 발음한다.

할 것을[할꺼슬]	갈 데가[갈떼가]	할 바를[할빠를]
할 수는[할쑤는]	할 적에[할쩌게]	갈 곳[갈꼳]
할 도리[할또리]	만날 사람[만날싸람]	

다만, 끊어서 말할 적에는 예사소리로 발음한다.

[붙임] '-(으)ㄹ'로 시작되는 어미의 경우에도 이에 준한다.

할걸[할껄]	할밖에[할빠께]	할세라[할쎄라]	할수록[할쑤록]
할지라도[할찌라도]	할지언정[할찌언정]	할진대[할찐대]	

제28항 표기상으로는 사이시옷이 없더라도, 관형격 기능을 지니는 사이시옷이 있어야 할(휴지가 성립되는) 합성어의 경우에는, 뒤 단어의 첫소리 'ㄱ, ㄷ, ㅂ, ㅅ, ㅈ'을 된소리로 발음한다.

문-고리[문꼬리]	눈-동자[눈똥자]	신-바람[신빠람]
산-새[산쌔]	발-바닥[발빠닥]	길-가[길까]
물-동이[물똥이]	만날 사람[만날싸람]	굴-속[굴:쏙]
술-잔[술짠]	바람-결[바람껼]	그믐-달[그믐딸]
아침-밥[아침빱]	잠-자리[잠짜리]	강-가[강까]
초승-달[초승딸]	등-불[등뿔]	창-살[창쌀]
강-줄기[강쭐기]		

제7절 음의 첨가

제29항 합성어 및 파생어에서, 앞 단어나 접두사의 끝이 자음이고 뒤 단어나 접미사의 첫음절이 '이, 야, 여, 요, 유'인 경우에는, 'ㄴ' 음을 첨가하여 [니, 냐, 녀, 뇨, 뉴]로 발음한다.

솜-이불[솜:니불]	홑-이불[혼니불]	막-일[망닐]
삯-일[상닐]	맨-입[맨닙]	꽃-잎[꼰닙]
내복-약[내:봉냑]	한-여름[한녀름]	남존-여비[남존녀비]
신-여성[신녀성]	색-연필[생년필]	직행-열차[지캥녈차]
늑막-염[능망념]	콩-엿[콩녇]	담-요[담:뇨]
눈-요기[눈뇨기]	영업-용[영엄뇽]	식용-유[시굥뉴]
국민-윤리[궁민뉼리]	밤-윷[밤:뉻]	

다만, 다음과 같은 말들은 'ㄴ' 음을 첨가하여 발음하되, 표기대로 발음할 수 있다.

이죽-이죽[이중니죽/이주기죽]	야금-야금[야금냐금/야그먀금]	
검열[검:녈/거:멸]	욜랑-욜랑[욜랑뇰랑/욜랑욜랑]	금융[금늉/그뮹]

[붙임 1] 'ㄹ' 받침 뒤에 첨가되는 'ㄴ' 음은 [ㄹ]로 발음한다.

들-일[들:릴]	솔-잎[솔립]	설-익다[설릭따]	물-약[물략]
불-여우[불려우]	서울-역[서울력]	물-엿[물렫]	휘발-유[휘발류]
유들-유들[유들류들]			

[붙임 2] 두 단어를 이어서 한 마디로 발음하는 경우에도 이에 준한다.

한 일[한닐]	옷 입다[온닙따]	서른여섯[서른녀섣]
3 연대[삼년대]	먹은 엿[머근녇]	할 일[할릴]
잘 입다[잘립따]	스물여섯[스물려섣]	1 연대[일련대]
먹을 엿[머글렫]		

다만, 다음과 같은 단어에서는 'ㄴ(ㄹ)' 음을 첨가하여 발음하지 않는다.

6 · 25[유기오]	3 · 1절[사밀쩔]	송별-연[송:벼련]
등-용문[등용문]		

제30항 사이시옷이 붙은 단어는 다음과 같이 발음한다.

1. 'ㄱ, ㄷ, ㅂ, ㅅ, ㅈ'으로 시작하는 단어 앞에 사이시옷이 올 때는 이들 자음만을 된소리로 발음하는 것을 원칙으로 하되, 사이시옷을 [ㄷ]으로 발음하는 것도 허용한다.

냇가[내:까/낻:까]	샛길[새:낄/샏:낄]	빨랫돌[빨래똘/빨랟똘]
콧등[코뜽/콛뜽]	깃발[기빨/긷빨]	대팻밥[대:패빱/대:팯빱]
햇살[해쌀/핻쌀]	뱃속[배쏙/밷쏙]	뱃전[배쩐/밷쩐]
고갯짓[고개찓/고갣찓]		

2. 사이시옷 뒤에 'ㄴ, ㅁ'이 결합되는 경우에는 [ㄴ]으로 발음한다.

콧날[콛날→콘날]	아랫니[아랟니→아랜니]
툇마루[퇻:마루→퇸:마루]	뱃머리[밷머리→밴머리]

3. 사이시옷 뒤에 '이' 음이 결합되는 경우에는 [ㄴㄴ]으로 발음한다.

베갯잇[베갠닏→베갠닏]	깻잎[깬닙→깬닙]
나뭇잎[나문닙→나문닙]	도리깻열[도리깬녈→도리깬녈]
뒷윷[뒨:뉻→뒨:뉻]	

03 한글 맞춤법

제1장 총칙

제1항 한글 맞춤법은 표준어를 소리대로 적되, 어법에 맞도록 함을 원칙으로 한다.

제2항 문장의 각 단어는 띄어 씀을 원칙으로 한다.

제3항 외래어는 '외래어 표기법'에 따라 적는다.

제2장 자모

제4항 한글 자모의 수는 스물넉 자로 하고, 그 순서와 이름은 다음과 같이 정한다.

ㄱ(기역)	ㄴ(니은)	ㄷ(디귿)	ㄹ(리을)	ㅁ(미음)
ㅂ(비읍)	ㅅ(시옷)	ㅇ(이응)	ㅈ(지읒)	ㅊ(치읓)
ㅋ(키읔)	ㅌ(티읕)	ㅍ(피읖)	ㅎ(히읗)	
ㅏ(아)	ㅑ(야)	ㅓ(어)	ㅕ(여)	ㅗ(오)
ㅛ(요)	ㅜ(우)	ㅠ(유)	ㅡ(으)	ㅣ(이)

[붙임 1] 위의 자모로써 적을 수 없는 소리는 두 개 이상의 자모를 어울러서 적되, 그 순서와 이름은 다음과 같이 정한다.

ㄲ(쌍기역)	ㄸ(쌍디귿)	ㅃ(쌍비읍)	ㅆ(쌍시옷)	ㅉ(쌍지읒)
ㅐ(애)	ㅒ(얘)	ㅔ(에)	ㅖ(예)	ㅘ(와)
ㅙ(왜)	ㅚ(외)	ㅝ(워)	ㅞ(웨)	ㅟ(위)
ㅢ(의)				

[붙임 2] 사전에 올릴 적의 자모 순서는 다음과 같이 정한다.

자음:	ㄱ	ㄲ	ㄴ	ㄷ	ㄸ	ㄹ	ㅁ	ㅂ
	ㅃ	ㅅ	ㅆ	ㅇ	ㅈ	ㅉ	ㅊ	ㅋ
	ㅌ	ㅍ	ㅎ					
모음:	ㅏ	ㅐ	ㅑ	ㅒ	ㅓ	ㅔ	ㅕ	ㅖ
	ㅗ	ㅘ	ㅙ	ㅚ	ㅛ	ㅜ	ㅝ	ㅞ
	ㅟ	ㅠ	ㅡ	ㅢ	ㅣ			

제3장 소리에 관한 것

제1절 된소리

제5항 한 단어 안에서 뚜렷한 까닭 없이 나는 된소리는 다음 음절의 첫소리를 된소리로 적는다.

1. 두 모음 사이에서 나는 된소리

소쩍새	어깨	오빠	으뜸	아끼다
기쁘다	깨끗하다	어떠하다	해쓱하다	가끔
거꾸로	부썩	어찌	이따금	

2. ‘ㄴ, ㄹ, ㅁ, ㅇ’ 받침 뒤에서 나는 된소리

산뜻하다	잔뜩	살짝	훨씬	담뿍
움찔	몽땅	엉뚱하다		

다만, 'ㄱ, ㅂ' 받침 뒤에서 나는 된소리는, 같은 음절이나 비슷한 음절이 겹쳐 나는 경우가 아니면 된소리로 적지 아니한다.

국수	깍두기	딱지	색시	싹둑(~싹둑)
법석	갑자기	몹시		

제2절 구개음화

제6항 'ㄷ, ㅌ' 받침 뒤에 종속적 관계를 가진 '-이(-)'나 '-히-'가 올 적에는 그 'ㄷ, ㅌ'이 'ㅈ, ㅊ'으로 소리 나더라도 'ㄷ, ㅌ'으로 적는다.(ㄱ을 취하고, ㄴ을 버림.)

ㄱ	ㄴ	ㄱ	ㄴ
맏이	마지	핥이다	할치다
해돋이	해도지	걷히다	거치다
굳이	구지	닫히다	다치다
같이	가치	묻히다	무치다
끝이	끄치		

제3절 'ㄷ' 소리 받침

제7항 'ㄷ' 소리로 나는 받침 중에서 'ㄷ'으로 적을 근거가 없는 것은 'ㅅ'으로 적는다.

덧저고리	돗자리	엇셈	웃어른	핫옷	무릇	사뭇
얼핏	자칫하면	뭇[衆]	옛	첫	헛	

제4절 모음

제8항 '계, 례, 몌, 폐, 혜'의 'ㅖ'는 'ㅔ'로 소리 나는 경우가 있더라도 'ㅖ'로 적는다.(ㄱ을 취하고, ㄴ을 버림.)

ㄱ	ㄴ	ㄱ	ㄴ
계수(桂樹)	게수	혜택(惠澤)	헤택
사례(謝禮)	사레	계집	게집
연몌(連袂)	연메	핑계	핑게
폐품(廢品)	페품	계시다	게시다
끝이	끄치		

다만, 다음 말은 본음대로 적는다.

게송(偈頌) 게시판(揭示板) 휴게실(休憩室)

제9항 '의'나, 자음을 첫소리로 가지고 있는 음절의 'ㅢ'는 'ㅣ'로 소리 나는 경우가 있더라도 'ㅢ'로 적는다.(ㄱ을 취하고, ㄴ을 버림.)

ㄱ	ㄴ	ㄱ	ㄴ
의의(意義)	의이	닁큼	닝큼
본의(本義)	본이	띄어쓰기	띠어쓰기
무늬[紋]	무니	씌어	씨어
보늬	보니	틔어	티어
오늬	오니	희망(希望)	히망
하늬바람	하니바람	희다	히다
늴리리	닐리리	유희(遊戲)	유히

제5절 두음 법칙

제10항 한자음 '녀, 뇨, 뉴, 니'가 단어 첫머리에 올 적에는, 두음 법칙에 따라 '여, 요, 유, 이'로 적는다.(ㄱ을 취하고, ㄴ을 버림.)

ㄱ	ㄴ	ㄱ	ㄴ
여자(女子)	녀자	유대(紐帶)	뉴대
연세(年歲)	년세	이토(泥土)	니토
요소(尿素)	뇨소	익명(匿名)	닉명

다만, 다음과 같은 의존 명사에서는 '냐, 녀' 음을 인정한다.

냥(兩) 냥쭝(兩-) 년(年)(몇 년)

[붙임 1] 단어의 첫머리 이외의 경우에는 본음대로 적는다.

남녀(男女) 당뇨(糖尿) 결뉴(結紐) 은닉(隱匿)

[붙임 2] 접두사처럼 쓰이는 한자가 붙어서 된 말이나 합성어에서, 뒷말의 첫소리가 'ㄴ' 소리로 나더라도 두음 법칙에 따라 적는다.

신여성(新女性) 공염불(空念佛) 남존여비(男尊女卑)

[붙임 3] 둘 이상의 단어로 이루어진 고유 명사를 붙여 쓰는 경우에도 붙임 2에 준하여 적는다.

한국여자대학 대한요소비료회사

제11항 한자음 '랴, 려, 례, 료, 류, 리'가 단어의 첫머리에 올 적에는, 두음 법칙에 따라 '야, 여, 예, 요, 유, 이'로 적는다.(ㄱ을 취하고, ㄴ을 버림.)

ㄱ	ㄴ	ㄱ	ㄴ
양심(良心)	량심	용궁(龍宮)	룡궁
역사(歷史)	력사	유행(流行)	류행
예의(禮儀)	례의	이발(理髮)	리발

다만, 다음과 같은 의존 명사는 본음대로 적는다.

리(里): 몇 리냐?
리(理): 그럴 리가 없다.

[붙임 1] 단어의 첫머리 이외의 경우에는 본음대로 적는다.

개량(改良) 선량(善良) 수력(水力) 협력(協力)
사례(謝禮) 혼례(婚禮) 와룡(臥龍) 쌍룡(雙龍)
하류(下流) 급류(急流) 도리(道理) 진리(眞理)

다만, 모음이나 'ㄴ' 받침 뒤에 이어지는 '렬, 률'은 '열, 율'로 적는다.(ㄱ을 취하고, ㄴ을 버림.)

ㄱ	ㄴ	ㄱ	ㄴ
나열(羅列)	나렬	분열(分裂)	분렬
치열(齒列)	치렬	선열(先烈)	선렬
비열(卑劣)	비렬	진열(陳列)	진렬
규율(規律)	규률	선율(旋律)	선률
비율(比率)	비률	전율(戰慄)	전률
실패율(失敗率)	실패률	백분율(百分率)	백분률

[붙임 2] 외자로 된 이름을 성에 붙여 쓸 경우에도 본음대로 적을 수 있다.

신립(申砬) 최린(崔麟) 채륜(蔡倫) 하륜(河崙)

[붙임 3] 준말에서 본음으로 소리 나는 것은 본음대로 적는다.

국련(국제 연합) 한시련(한국 시각 장애인 연합회)

[붙임 4] 접두사처럼 쓰이는 한자가 붙어서 된 말이나 합성어에서, 뒷말의 첫소리가 'ㄴ' 또는 'ㄹ' 소리로 나더라도 두음 법칙에 따라 적는다.

역이용(逆利用) 연이율(年利率) 열역학(熱力學) 해외여행(海外旅行)

[붙임 5] 둘 이상의 단어로 이루어진 고유 명사를 붙여 쓰는 경우나 십진법에 따라 쓰는 수(數)도 붙임 4에 준하여 적는다.

서울여관 신흥이발관 육천육백육십육(六千六百六十六)

제12항 한자음 '라, 래, 로, 뢰, 루, 르'가 단어의 첫머리에 올 적에는, 두음 법칙에 따라 '나, 내, 노, 뇌, 누, 느'로 적는다.(ㄱ을 취하고, ㄴ을 버림.)

ㄱ	ㄴ		ㄱ	ㄴ
낙원(樂園)	락원		뇌성(雷聲)	뢰성
내일(來日)	래일		누각(樓閣)	루각
노인(老人)	로인		능묘(陵墓)	릉묘

[붙임 1] 단어의 첫머리 이외의 경우에는 본음대로 적는다.

쾌락(快樂) 극락(極樂) 거래(去來) 왕래(往來)
부로(父老) 연로(年老) 지뢰(地雷) 낙뢰(落雷)
고루(高樓) 광한루(廣寒樓) 동구릉(東九陵) 가정란(家庭欄)

[붙임 2] 접두사처럼 쓰이는 한자가 붙어서 된 단어는 뒷말을 두음 법칙에 따라 적는다.

내내월(來來月) 상노인(上老人) 중노동(重勞動) 비논리적(非論理的)

제6절 겹쳐 나는 소리

제13항 한 단어 안에서 같은 음절이나 비슷한 음절이 겹쳐 나는 부분은 같은 글자로 적는다.(ㄱ을 취하고, ㄴ을 버림.)

ㄱ	ㄴ	ㄱ	ㄴ
딱딱	딱닥	꼿꼿하다	꼿곳하다
쌕쌕	쌕색	놀놀하다	놀롤하다
씩씩	씩식	눅눅하다	능눅하다
똑딱똑딱	똑닥똑닥	밋밋하다	민밋하다
쓱싹쓱싹	쓱삭쓱삭	싹싹하다	싹삭하다
연연불망	연련불망	쌉쌀하다	쌉살하다
유유상종(類類相從)	유류상종	씁쓸하다	씁슬하다
누누이(屢屢-)	누루이	짭짤하다	짭잘하다

제4장 형태에 관한 것

제1절 체언과 조사

제14항 체언은 조사와 구별하여 적는다.

떡이	떡을	떡에	떡도	떡만
손이	손을	손에	손도	손만
팔이	팔을	팔에	팔도	팔만
밤이	밤을	밤에	밤도	밤만
집이	집을	집에	집도	집만
옷이	옷을	옷에	옷도	옷만
콩이	콩을	콩에	콩도	콩만
낮이	낮을	낮에	낮도	낮만
꽃이	꽃을	꽃에	꽃도	꽃만
밭이	밭을	밭에	밭도	밭만
앞이	앞을	앞에	앞도	앞만
밖이	밖을	밖에	밖도	밖만
넋이	넋을	넋에	넋도	넋만
흙이	흙을	흙에	흙도	흙만
삶이	삶을	삶에	삶도	삶만
여덟이	여덟을	여덟에	여덟도	여덟만
곬이	곬을	곬에	곬도	곬만
값이	값을	값에	값도	값만

제2절 어간과 어미

제15항 용언의 어간과 어미는 구별하여 적는다.

먹다	먹고	먹어	먹으니
신다	신고	신어	신으니
믿다	믿고	믿어	믿으니
울다	울고	울어	(우니)
넘다	넘고	넘어	넘으니
입다	입고	입어	입으니
웃다	웃고	웃어	웃으니
찾다	찾고	찾아	찾으니
좇다	좇고	좇아	좇으니
같다	같고	같아	같으니
높다	높고	높아	높으니
좋다	좋고	좋아	좋으니
깎다	깎고	깎아	깎으니
앉다	앉고	앉아	앉으니
많다	많고	많아	많으니
늙다	늙고	늙어	늙으니
젊다	젊고	젊어	젊으니
넓다	넓고	넓어	넓으니
훑다	훑고	훑어	훑으니
읊다	읊고	읊어	읊으니
옳다	옳고	옳아	옳으니
없다	없고	없어	없으니
있다	있고	있어	있으니

[붙임 1] 두 개의 용언이 어울러 한 개의 용언이 될 적에, 앞말의 본뜻이 유지되고 있는 것은 그 원형을 밝히어 적고, 그 본뜻에서 멀어진 것은 밝히어 적지 아니한다.

(1) 앞말의 본뜻이 유지되고 있는 것

넘어지다	늘어나다	늘어지다	돌아가다	되짚어가다
들어가다	떨어지다	벌어지다	엎어지다	접어들다
틀어지다	흩어지다			

(2) 본뜻에서 멀어진 것

드러나다 사라지다 쓰러지다

[붙임 2] 종결형에서 사용되는 어미 '-오'는 '요'로 소리 나는 경우가 있더라도 그 원형을 밝혀 '오'로 적는다.(ㄱ을 취하고, ㄴ을 버림.)

ㄱ	ㄴ
이것은 책이오	이것은 책이요.
이리로 오시오.	이리로 오시요.
이것은 책이 아니오.	이것은 책이 아니요.

[붙임 3] 연결형에서 사용되는 '이요'는 '이요'로 적는다.(ㄱ을 취하고, ㄴ을 버림.)

ㄱ	ㄴ
이것은 책이요, 저것은 붓이요,	이것은 책이오, 저것은 붓이오,
또 저것은 먹이다.	또 저것은 먹이다.
이것은 책이 아니오.	이것은 책이 아니요.

제16항 어간의 끝음절 모음이 'ㅏ, ㅗ'일 때에는 어미를 '-아'로 적고, 그 밖의 모음일 때에는 '-어'로 적는다.

1. '-아'로 적는 경우

나아	나아도	나아서
막아	막아도	막아서
얇아	얇아도	얇아서
돌아	돌아도	돌아서
보아	보아도	보아서

2. '-어'로 적는 경우

개어	개어도	개어서
겪어	겪어도	겪어서
되어	되어도	되어서
베어	베어도	베어서
쉬어	쉬어도	쉬어서
저어	저어도	저어서
주어	주어도	주어서
피어	피어도	피어서
희어	희어도	희어서

제17항 어미 뒤에 덧붙는 조사 '요'는 '요'로 적는다.

읽어	읽어요
참으리	참으리요
좋지	좋지요

제18항 다음과 같은 용언들은 어미가 바뀔 경우, 그 어간이나 어미가 원칙에 벗어나면 벗어나는 대로 적는다.

1. 어간의 끝 'ㄹ'이 줄어질 적

갈다:	가니	간	갑니다	가시다	가오
놀다:	노니	논	놉니다	노시다	노오
불다:	부니	분	붑니다	부시다	부오
둥글다:	둥그니	둥근	둥급니다	둥그시다	둥그오
어질다:	어지니	어진	어집니다	어지시다	어지오

[붙임] 다음과 같은 말에서도 'ㄹ'이 준 대로 적는다.

마지못하다 마지않다 (하)다마다 (하)자마자
(하)지 마라 (하)지 마(아)

2. 어간의 끝 'ㅅ'이 줄어질 적

긋다:	그어	그으니	그었다
낫다:	나아	나으니	나았다
잇다:	이어	이으니	이었다
짓다:	지어	지으니	지었다

3. 어간의 끝 'ㅎ'이 줄어질 적

그렇다:	그러니	그럴	그러면	그러오
까맣다:	까마니	까말	까마면	까마오
동그랗다:	동그라니	동그랄	동그라면	동그라오
퍼렇다:	퍼러니	퍼럴	퍼러면	퍼러오
하얗다:	하야니	하얄	하야면	하야오

4. 어간의 끝 'ㅜ, ㅡ'가 줄어질 적

푸다:	퍼	펐다	뜨다:	떠	떴다
끄다:	꺼	껐다	크다:	커	컸다
담그다:	담가	담갔다	고프다:	고파	고팠다
따르다:	따라	따랐다	바쁘다:	바빠	바빴다

5. 어간의 끝 'ㄷ'이 'ㄹ'로 바뀔 적

걷다[步]: 걸어	걸으니	걸었다
듣다[聽]: 들어	들으니	들었다
묻다[問]: 물어	물으니	물었다
싣다[載]: 실어	실으니	실었다

6. 어간의 끝 'ㅂ'이 'ㅜ'로 바뀔 적

깁다: 기워	기우니	기웠다
굽다[炙]: 구워	구우니	구웠다
가깝다: 가까워	가까우니	가까웠다
괴롭다: 괴로워	괴로우니	괴로웠다
맵다: 매워	매우니	매웠다
무겁다: 무거워	무거우니	무거웠다
밉다: 미워	미우니	미웠다
쉽다: 쉬워	쉬우니	쉬웠다

다만, '돕-, 곱-'과 같은 단음절 어간에 어미 '-아'가 결합되어 '와'로 소리 나는 것은 '-와'로 적는다.

돕다[助]: 도와	도와서	도와도	도왔다
곱다[麗]: 고와	고와서	고와도	고왔다

7. '하다'의 활용에서 어미 '-아'가 '-여'로 바뀔 적

하다:	하여	하여서	하여도	하여라	하였다

8. 어간의 끝음절 '르' 뒤에 오는 어미 '-어'가 '-러'로 바뀔 적

이르다[至]: 이르러	이르렀다

노르다:	노르러	노르렀다
누르다:	누르러	누르렀다
푸르다:	푸르러	푸르렀다

9. 어간의 끝음절 '르'의 'ㅡ'가 줄고, 그 뒤에 오는 어미 '-아/-어'가 '-라/-러'로 바뀔 적

가르다:	갈라	갈랐다	부르다:	불러	불렀다
거르다:	걸러	걸렀다	오르다:	올라	올랐다
구르다:	굴러	굴렀다	이르다:	일러	일렀다
벼르다:	별러	별렀다	지르다:	질러	질렀다

제3절 접미사가 붙어서 된 말

제19항 어간에 '-이'나 '-음/-ㅁ'이 붙어서 명사로 된 것과 '-이'나 '-히'가 붙어서 부사로 된 것은 그 어간의 원형을 밝히어 적는다.

1. '-이'가 붙어서 명사로 된 것

길이	깊이	높이	다듬이	땀받이	달맞이
먹이	미닫이	벌이	벼훑이	살림살이	쇠붙이

2. '-음/-ㅁ'이 붙어서 명사로 된 것

걸음	묶음	믿음	얼음	엮음	울음
웃음	졸음	죽음	앎		

3. '-이'가 붙어서 부사로 된 것

갈이 굳이 길이 높이 많이 실없이
좋이 짓궂이 죽음 앎

4. '-히'가 붙어서 부사로 된 것

밝히 익히 작히

다만, 어간에 '-이'나 '-음'이 붙어서 명사로 바뀐 것이라도 그 어간의 뜻과 멀어진 것은 원형을 밝히어 적지 아니한다.

굽도리 다리[髢] 목거리(목병) 무녀리
코끼리 거름(비료) 고름[膿] 노름(도박)

[붙임] 어간에 '-이'나 '-음' 이외의 모음으로 시작된 접미사가 붙어서 다른 품사로 바뀐 것은 그 어간의 원형을 밝히어 적지 아니한다.

(1) 명사로 바뀐 것

귀머거리 까마귀 뜨더귀 마감 마개 마중 무덤
비렁뱅이 쓰레기 올가미 주검

(2) 부사로 바뀐 것

거뭇거뭇 너무 도로 뜨덤뜨덤 바투
불긋불긋 비로소 오긋오긋 자주 차마

(3) 조사로 바뀌어 뜻이 달라진 것

나마 부터 조차

제20항 명사 뒤에 '-이'가 붙어서 된 말은 그 명사의 원형을 밝히어 적는다.

1. 부사로 된 것

곳곳이 낱낱이 몫몫이 샅샅이 앞앞이 집집이

2. 명사로 된 것

곰배팔이 바둑이 삼발이 애꾸눈이
육손이 절뚝발이 절름발이 자주

[붙임] '-이' 이외의 모음으로 시작된 접미사가 붙어서 된 말은 그 명사의 원형을 밝히어 적지 아니한다.

꼬락서니 끄트머리 모가치 바가지 바깥 사타구니
싸라기 이파리 지붕 지푸라기 짜개

제21항 명사나 혹은 용언의 어간 뒤에 자음으로 시작된 접미사가 붙어서 된 말은 그 명사나 어간의 원형을 밝히어 적는다.

1. 명사 뒤에 자음으로 시작된 접미사가 붙어서 된 것

값지다 홑지다 넋두리 빛깔 옆댕이 잎사귀

2. 어간 뒤에 자음으로 시작된 접미사가 붙어서 된 것

낚시	늙정이	덮개	뜯게질
갉작갉작하다	갉작거리다	뜯적거리다	뜯적뜯적하다
굵다랗다	굵직하다	깊숙하다	넓적하다
높다랗다	늙수그레하다	얽죽얽죽하다	

다만, 다음과 같은 말은 소리대로 적는다.

(1) 겹받침의 끝소리가 드러나지 아니하는 것

할짝거리다	널따랗다	널찍하다	말끔하다
말쑥하다	말짱하다	실쭉하다	실큼하다
얄따랗다	얄팍하다	짤따랗다	짤막하다
실컷			

(2) 어원이 분명하지 아니하거나 본뜻에서 멀어진 것

넙치	올무	골막하다	납작하다

제22항 용언의 어간에 다음과 같은 접미사들이 붙어서 이루어진 말들은 그 어간을 밝히어 적는다.

1. '-기-, -리-, -이-, -히-, -구-, -우-, -추-, -으키-, -이키-, -애-'가 붙는 것

맡기다	옮기다	웃기다	쫓기다	뚫리다
울리다	낚이다	쌓이다	핥이다	굳히다
굽히다	넓히다	앉히다	얽히다	잡히다
돋구다	솟구다	돋우다	갖추다	곧추다
맞추다	일으키다	돌이키다	없애다	

다만, '-이-, -히-, -우-'가 붙어서 된 말이라도 본뜻에서 멀어진 것은 소리대로 적는다.

도리다(칼로~)	드리다(용돈을~)
바치다(세금을~)	부치다(편지를~)
미루다	이루다

2. '-치-, -뜨리-, -트리-'가 붙는 것

놓치다	덮치다	떠받치다	받치다	밭치다
부딪치다	뻗치다	엎치다	부딪뜨리다/부딪트리다	
쏟뜨리다/쏟트리다		젖뜨리다/젖트리다		
찢뜨리다/찢트리다		흩뜨리다/흩트리다		

[붙임] '-업-, -읍-, -브-'가 붙어서 된 말은 소리대로 적는다.

미덥다	우습다	미쁘다

제23항 '-하다'나 '-거리다'가 붙는 어근에 '-이'가 붙어서 명사가 된 것은 그 원형을 밝히어 적는다.(ㄱ을 취하고, ㄴ을 버림.)

ㄱ	ㄴ	ㄱ	ㄴ
깔쭉이	깔쭈기	살살이	살사리
꿀꿀이	꿀꾸리	쌕쌕이	쌕쌔기
눈깜짝이	눈깜짜기	오뚝이	오뚜기
더펄이	더퍼리	코납작이	코납자기
배불뚝이	배불뚜기	푸석이	푸서기
삐죽이	삐주기	홀쭉이	홀쭈기

[붙임] '-하다'나 '-거리다'가 붙을 수 없는 어근에 '-이'나 또는 다른 모음으로 시작되는 접미사가 붙어서 명사가 된 것은 그 원형을 밝히어 적지 아니한다.

개구리	귀뚜라미	기러기	깍두기	꽹과리
날라리	누더기	동그라미	두드러기	딱따구리
매미	부스러기	뻐꾸기	얼루기	칼싹두기

제24항 '-거리다'가 붙을 수 있는 시늉말 어근에 '-이다'가 붙어서 된 용언은 그 어근을 밝히어 적는다.(ㄱ을 취하고, ㄴ을 버림.)

ㄱ	ㄴ	ㄱ	ㄴ
깜짝이다	깜짜기다	속삭이다	속사기다
꾸벅이다	꾸버기다	숙덕이다	숙더기다
끄덕이다	끄더기다	울먹이다	울머기다
뒤척이다	뒤처기다	움직이다	움지기다
들먹이다	들머기다	지껄이다	지꺼리다
망설이다	망서리다	퍼덕이다	퍼더기다
번득이다	번드기다	허덕이다	허더기다
번쩍이다	번쩌기다	헐떡이다	헐떠기다

제25항 '-하다'가 붙는 어근에 '-히'나 '-이'가 붙어서 부사가 되거나, 부사에 '-이'가 붙어서 뜻을 더하는 경우에는 그 어근이나 부사의 원형을 밝히어 적는다.

1. '-하다'가 붙는 어근에 '-히'나 '-이'가 붙는 경우

급히	꾸준히	도저히	딱히	어렴풋이	깨끗이

[붙임] '-하다'가 붙지 않는 경우에는 소리대로 적는다.

갑자기 반드시(꼭) 슬며시

2. 부사에 '-이'가 붙어서 역시 부사가 되는 경우

곰곰이 더욱이 생긋이 오뚝이 일찍이 해죽이

제26항 '-하다'나 '-없다'가 붙어서 된 용언은 그 '-하다'나 '-없다'를 밝히어 적는다.

1. '-하다'가 붙어서 용언이 된 것

딱하다 숱하다 착하다 텁텁하다 푹하다

2. '-없다'가 붙어서 용언이 된 것

부질없다 상없다 시름없다 열없다 하염없다

제4절 합성어 및 접두사가 붙은 말

제27항 둘 이상의 단어가 어울리거나 접두사가 붙어서 이루어진 말은 각각 그 원형을 밝히어 적는다.

국말이	꺾꽂이	꽃잎	끝장	물난리
밑천	부엌일	싫증	옷안	웃옷
젖몸살	첫아들	칼날	팥알	헛웃음
홀아비	홑몸	흙내		
값없다	겉늙다	굶주리다	낮잡다	맞먹다
받내다	벋놓다	빗나가다	빛나다	새파랗다
샛노랗다	시꺼멓다	싯누렇다	엇나가다	엎누르다
엿듣다	옻오르다	짓이기다	헛되다	

[붙임 1] 어원은 분명하나 소리만 특이하게 변한 것은 변한 대로 적는다.

할아버지　　할아범

[붙임 2] 어원이 분명하지 아니한 것은 원형을 밝히어 적지 아니한다.

골병	골탕	끌탕	며칠	아재비
오라비	업신여기다	부리나케		

[붙임 3] '이[齒, 虱]'가 합성어나 이에 준하는 말에서 '니' 또는 '리'로 소리 날 때에는 '니'로 적는다.

간니	덧니	사랑니	송곳니	앞니
어금니	윗니	젖니	톱니	틀니
가랑니	머릿니			

제28항 끝소리가 'ㄹ'인 말과 딴 말이 어울릴 적에 'ㄹ' 소리가 나지 아니하는 것은 아니 나는 대로 적는다.

다달이(달-달-이)	따님(딸-님)	마되(말-되)
마소(말-소)	무자위(물-자위)	바느질(바늘-질)
부삽(불-삽)	부손(불-손)	싸전(쌀-전)
여닫이(열-닫이)	우짖다(울-짖다)	화살(활-살)

제29항 끝소리가 'ㄹ'인 말과 딴 말이 어울릴 적에 'ㄹ' 소리가 'ㄷ' 소리로 나는 것은 'ㄷ'으로 적는다.

반짇고리(바느질~)	사흗날(사흘~)	삼짇날(삼질~)
섣달(설~)	숟가락(술~)	이튿날(이틀~)
잗주름(잘~)	푿소(풀~)	섣부르다(설~)
잗다듬다(잘~)	잗다랗다(잘~)	화살(활-살)

제30항 사이시옷은 다음과 같은 경우에 받치어 적는다.

1. 순우리말로 된 합성어로서 앞말이 모음으로 끝난 경우

(1) 뒷말의 첫소리가 된소리로 나는 것

고랫재	귓밥	나룻배	나뭇가지	냇가
댓가지	뒷갈망	맷돌	머릿기름	모깃불
못자리	바닷가	뱃길	볏가리	부싯돌
선짓국	쇳조각	아랫집	우렁잇속	잇자국
잿더미	조갯살	찻집	쳇바퀴	킷값
핏대	햇볕	혓바늘		

(2) 뒷말의 첫소리 'ㄴ, ㅁ' 앞에서 'ㄴ' 소리가 덧나는 것

멧나물	아랫니	텃마당	아랫마을	뒷머리
잇몸	깻묵	냇물	빗물	

(3) 뒷말의 첫소리 모음 앞에서 'ㄴㄴ' 소리가 덧나는 것

도리깻열	뒷윷	두렛일	뒷일	뒷입맛
베갯잇	욧잇	깻잎	나뭇잎	댓잎

2. 순우리말과 한자어로 된 합성어로서 앞말이 모음으로 끝난 경우

(1) 뒷말의 첫소리가 된소리로 나는 것

귓병	머릿방	뱃병	봇둑	사잣밥
샛강	아랫방	자릿세	전셋집	찻잔
찻종	촛국	콧병	탯줄	텃세
핏기	햇수	횟가루	횟배	

(2) 뒷말의 첫소리 'ㄴ, ㅁ' 앞에서 'ㄴ' 소리가 덧나는 것

곗날	제삿날	훗날	툇마루	양칫물

(3) 뒷말의 첫소리 모음 앞에서 'ㄴㄴ' 소리가 덧나는 것

가욋일	사삿일	예삿일	훗일

3. 두 음절로 된 다음 한자어

곳간(庫間)	셋방(貰房)	숫자(數字)	찻간(車間)
툇간(退間)	횟수(回數)		

제31항 두 말이 어울릴 적에 'ㅂ' 소리나 'ㅎ' 소리가 덧나는 것은 소리대로 적는다.

1. 'ㅂ' 소리가 덧나는 것

댑싸리(대ㅂ싸리)	멥쌀(메ㅂ쌀)	볍씨(벼ㅂ씨)
입때(이ㅂ때)	입쌀(이ㅂ쌀)	접때(저ㅂ때)
좁쌀(조ㅂ쌀)	햅쌀(해ㅂ쌀)	

2. 'ㅎ' 소리가 덧나는 것

머리카락(머리ㅎ가락)	살코기(살ㅎ고기)	수캐(수ㅎ개)
수컷(수ㅎ것)	수탉(수ㅎ닭)	안팎(안ㅎ밖)
암캐(암ㅎ개)	암컷(암ㅎ것)	암탉(암ㅎ닭)

제5절 준말

제32항 단어의 끝 모음이 줄어지고 자음만 남은 것은 그 앞의 음절에 받침으로 적는다.

(본말)	(준말)
기러기야	기럭아
어제그저께	엊그저께
어제저녁	엊저녁
가지고, 가지지	갖고, 갖지
디디고, 디디지	딛고, 딛지

제33항 체언과 조사가 어울려 줄어지는 경우에는 준 대로 적는다.

(본말)	(준말)
그것은	그건
그것이	그게
그것으로	그걸로
나는	난
나를	날
너는	넌
너를	널
무엇을	뭣을/무얼/뭘
무엇이	뭣이/무에

제34항 모음 'ㅏ, ㅓ'로 끝난 어간에 '-아/-어, -았-/-었-'이 어울릴 적에는 준 대로 적는다.

(본말)	(준말)	(본말)	(준말)
가아	가	가았다	갔다
나아	나	나았다	났다
타아	타	타았다	탔다
서어	서	서었다	섰다
켜어	켜	켜었다	켰다
펴어	펴	펴었다	폈다

[붙임 1] 'ㅐ, ㅔ' 뒤에 '-어, -었-'이 어울려 줄 적에는 준 대로 적는다.

(본말)	(준말)	(본말)	(준말)
개어	개	개었다	갰다
내어	내	내었다	냈다
베어	베	베었다	벴다
세어	세	세었다	셌다
켜어	켜	켜었다	켰다
펴어	펴	펴었다	폈다

[붙임 2] '하여'가 한 음절로 줄어서 '해'로 될 적에는 준 대로 적는다.

(본말)	(준말)	(본말)	(준말)
하여	해	하였다	했다
더하여	더해	더하였다	더했다
흔하여	흔해	흔하였다	흔했다

제35항 모음 'ㅗ, ㅜ'로 끝난 어간에 '-아/-어, -았-/-었-'이 어울려 'ㅘ/ㅝ, 놨/눴'으로 될 적에는 준 대로 적는다.

(본말)	(준말)	(본말)	(준말)
꼬아	꽈	꼬았다	꽜다
보아	봐	보았다	봤다
쏘아	쏴	쏘았다	쐈다
두어	둬	두었다	뒀다
쑤어	쒀	쑤었다	쒔다
주어	줘	주었다	줬다

[붙임 1] '놓아'가 '놔'로 줄 적에는 준 대로 적는다.

[붙임 2] 'ㅚ' 뒤에 '-어, -었-'이 어울려 'ㅙ, ㅙㅆ'으로 될 적에도 준 대로 적는다.

(본말)	(준말)	(본말)	(준말)
괴어	괘	괴었다	괬다
되어	돼	되었다	됐다
뵈어	봬	뵈었다	뵀다
쇠어	쇄	쇠었다	쇘다
쐬어	쐐	쐬었다	쐤다

제36항 'ㅣ' 뒤에 '-어'가 와서 'ㅕ'로 줄 적에는 준 대로 적는다.

(본말)	(준말)	(본말)	(준말)
가지어	가져	가지었다	가졌다
견디어	견뎌	견디었다	견뎠다
다니어	다녀	다니었다	다녔다
막히어	막혀	막히었다	막혔다
버티어	버텨	버티었다	버텼다
치이어	치여	치이었다	치였다

제37항 'ㅏ, ㅕ, ㅗ, ㅜ, ㅡ'로 끝난 어간에 '-이-'가 와서 각각 'ㅐ, ㅖ, ㅚ, ㅟ, ㅢ'로 줄 적에는 준 대로 적는다.

(본말)	(준말)	(본말)	(준말)
싸이다	쌔다	누이다	뉘다
펴이다	폐다	뜨이다	띄다
보이다	뵈다	쓰이다	씌다

제38항 'ㅏ, ㅗ, ㅜ, ㅡ' 뒤에 '-이어'가 어울려 줄어질 적에는 준 대로 적는다.

(본말)	(준말)			(본말)	(준말)	
싸이어	쌔어	싸여		뜨이어	띄어	
보이어	뵈어	보여		쓰이어	씌어	쓰여
쏘이어	쐬어	쏘여		트이어	틔어	트여
누이어	뉘어	누여				

제39항 어미 '-지' 뒤에 '않-'이 어울려 '-잖-'이 될 적과 '-하지' 뒤에 '않-'이 어울려 '-찮-'이 될 적에는 준 대로 적는다.

(본말)	(준말)		(본말)	(준말)
그렇지 않은	그렇잖은		만만하지 않다	만만찮다
적지 않은	적잖은		변변하지 않다	변변찮다

제40항 어간의 끝음절 '하'의 'ㅏ'가 줄고 'ㅎ'이 다음 음절의 첫소리와 어울려 거센소리로 될 적에는 거센소리로 적는다.

(본말)	(준말)		(본말)	(준말)
간편하게	간편케		다정하다	다정타
연구하도록	연구토록		정결하다	정결타
가하다	가타		흔하다	흔타

[붙임 1] 'ㅎ'이 어간의 끝소리로 굳어진 것은 받침으로 적는다.

않다	않고	않지	않든지
그렇다	그렇고	그렇지	그렇든지
아무렇다	아무렇고	아무렇지	아무렇든지
어떻다	어떻고	어떻지	어떻든지
이렇다	이렇고	이렇지	이렇든지
저렇다	저렇고	저렇지	저렇든지

[붙임 2] 어간의 끝음절 '하'가 아주 줄 적에는 준 대로 적는다.

(본말)	(준말)	(본말)	(준말)
거북하지	거북지	넉넉하지 않다	넉넉지 않다
생각하건대	생각건대	못하지 않다	못지않다
생각하다 못해	생각다 못해	섭섭하지 않다	섭섭지 않다
깨끗하지 않다	깨끗지 않다	익숙하지 않다	익숙지 않다

[붙임 3] 다음과 같은 부사는 소리대로 적는다.

결단코	결코	기필코	무심코	아무튼	요컨대
정녕코	필연코	하마터면	하여튼	한사코	

제5장 띄어쓰기

제1절 조사

제41항 조사는 그 앞말에 붙어 쓴다.

꽃**이** 꽃**마저** 꽃**밖에** 꽃**에서부터** 꽃**으로만**
꽃**이나마** 꽃**이다** 꽃**입니다** 꽃**처럼** 어디**까지나**
거기**도** 멀리**는** 웃고**만**

제2절 의존 명사, 단위를 나타내는 명사 및 열거하는 말 등

제42항 의존 명사는 띄어 쓴다.

아는 것이 힘이다.
나도 할 수 있다.
먹을 만큼 먹어라.
아는 이를 만났다.
네가 뜻한 바를 알겠다.
그가 떠난 지가 오래다.

제43항 단위를 나타내는 명사는 띄어 쓴다.

한 **개**	차 한 **대**	금 서 **돈**	소 한 **마리**
옷 한 **벌**	열 **살**	조기 한 **손**	연필 한 **자루**
버선 한 **죽**	집 한 **채**	신 두 **켤레**	북어 한 **쾌**

다만, 순서를 나타내는 경우나 숫자와 어울리어 쓰이는 경우에는 붙여 쓸 수 있다.

두**시**	삼십**분**	오**초**	제일**과**	삼**학년**
육**층**	1446**년**	10**월** 9**일**	2**대대**	
16**동**	502**호**	제1**실습실**	80**원**	
10**개**	7**미터**			

제44항 수를 적을 적에는 '만(萬)' 단위로 띄어 쓴다.

십이억 삼천사백오십육만 칠천팔백구십팔 12억 3456만 7898

제45항 두 말을 이어 주거나 열거할 적에 쓰이는 다음의 말들은 띄어 쓴다.

국장 **겸** 과장	열 **내지** 스물	청군 **대** 백군
책상, 걸상 **등**이 있다	이사장 **및** 이사들	사과, 배, 귤 **등등**
사과, 배 **등속**	부산, 광주 **등지**	

제46항 단음절로 된 단어가 연이어 나타날 적에는 붙여 쓸 수 있다.

좀더　　큰 것　　이말　　저말　　한잎　　두잎

제3절 보조 용언

제47항 보조 용언은 띄어 씀을 원칙으로 하되, 경우에 따라 붙여 씀도 허용한다.(ㄱ을 원칙으로 하고, ㄴ을 허용함.)

ㄱ	ㄴ
불이 꺼져 **간다.**	불이 꺼져**간다.**
내 힘으로 막아 **낸다.**	내 힘으로 막아**낸다.**
어머니를 도와 **드린다.**	어머니를 도와**드린다.**
그릇을 깨뜨려 **버렸다.**	그릇을 깨뜨려**버렸다.**
비가 올 **듯하다.**	비가 올**듯하다.**
그 일은 할 **만하다.**	그 일은 할**만하다.**
일이 될 **법하다.**	일이 될**법하다.**
비가 올 **성싶다.**	비가 올**성싶다.**
잘 아는 **척한다.**	잘 아는**척한다.**

다만, 앞말에 조사가 붙거나 앞말이 합성 용언인 경우, 그리고 중간에 조사가 들어갈 적에는 그 뒤에 오는 보조 용언은 띄어 쓴다.

잘도 놀아만 **나는구나!** 책을 읽어도 **보고…….**
네가 덤벼들어 **보아라.** 이런 기회는 다시없을 **듯하다.**
그가 올 듯도 **하다.** 잘난 체를 **한다.**

제4절 고유 명사 및 전문 용어

제48항 성과 이름, 성과 호 등은 붙여 쓰고, 이에 덧붙는 호칭어, 관직명 등은 띄어 쓴다.

김양수(金良洙) 서화담(徐花潭) 채영신 씨
최치원 선생 박동식 박사 충무공 이순신 장군

다만, 성과 이름, 성과 호를 분명히 구분할 필요가 있을 경우에는 띄어 쓸 수 있다.

남궁억/남궁 억	독고준/독고 준
황보지봉(皇甫芝峰)/황보 지봉	

제49항 성명 이외의 고유 명사는 단어별로 띄어 씀을 원칙으로 하되, 단위별로 띄어 쓸 수 있다.(ㄱ을 원칙으로 하고, ㄴ을 허용함.)

ㄱ	ㄴ
대한 중학교	대한중학교
한국 대학교 사범 대학	한국대학교 사범대학

제50항 전문 용어는 단어별로 띄어 씀을 원칙으로 하되, 붙여 쓸 수 있다.(ㄱ을 원칙으로 하고, ㄴ을 허용함.)

ㄱ	ㄴ
만성 골수성 백혈병	만성골수성백혈병
중거리 탄도 유도탄	중거리탄도유도탄

제6장 그 밖의 것

제51항 부사의 끝음절이 분명히 '이'로만 나는 것은 '-이'로 적고, '히'로만 나거나 '이'나 '히'로 나는 것은 '-히'로 적는다.

1. '이'로만 나는 것

가붓이	깨끗이	나붓이	느긋이	둥긋이
따뜻이	반듯이	버젓이	산뜻이	의젓이
가까이 고이	날카로이	대수로이	번거로이	
많이	적이	헛되이		
겹겹이	번번이	일일이	집집이	틈틈이

2. '히'로만 나는 것

극히	급히	딱히	속히	작히
족히	특히	엄격히	정확히	

3. '이, 히'로 나는 것

솔직히	가만히	간편히	나른히	무단히
각별히	소홀히	쓸쓸히	정결히	과감히
꼼꼼히	공평히	열심히	급급히	답답히
섭섭히	공평히	능히	당당히	분명히
상당히	조용히	간소히	고요히	도저히

제52항 한자어에서 본음으로도 나고 속음으로도 나는 것은 각각 그 소리에 따라 적는다.

(본음으로 나는 것)	(속음으로 나는 것)
승낙(承諾)	수락(受諾), 쾌락(快諾), 허락(許諾)

만난(萬難)	곤란(困難), 논란(論難)
안녕(安寧)	의령(宜寧), 회령(會寧)
분노(忿怒)	대로(大怒), 희로애락(喜怒哀樂)
토론(討論)	의논(議論)
오륙십(五六十)	오뉴월, 유월(六月)
목재(木材)	모과(木瓜)
십일(十日) 시방정토(十方淨土),	시왕(十王), 시월(十月)
팔일(八日)	초파일(初八日)

第53항 다음과 같은 어미는 예사소리로 적는다.(ㄱ을 취하고, ㄴ을 버림.)

ㄱ	ㄴ
-(으)ㄹ거나	-(으)ㄹ꺼나
-(으)ㄹ걸	-(으)ㄹ껄
-(으)ㄹ게	-(으)ㄹ께
-(으)ㄹ세	-(으)ㄹ쎄
-(으)ㄹ세라	-(으)ㄹ쎄라
-(으)ㄹ수록	-(으)ㄹ쑤록
-(으)ㄹ시	-(으)ㄹ씨
-(으)ㄹ지	-(으)ㄹ찌
-(으)ㄹ지니라	-(으)ㄹ찌니라
-(으)ㄹ지라도	-(으)ㄹ찌라도
-(으)ㄹ지어다	-(으)ㄹ찌어다
-(으)ㄹ지언정	-(으)ㄹ찌언정
-(으)ㄹ진대	-(으)ㄹ찐대
-(으)ㄹ진저	-(으)ㄹ찐저
-올시다	-올씨다

다만, 의문을 나타내는 다음 어미들은 된소리로 적는다.

-(으)ㄹ까?　　(으)ㄹ꼬?　　-(스)ㅂ니까?

-(으)리까?　　-(으)ㄹ쏘냐?

제54항 다음과 같은 접미사는 된소리로 적는다.(ㄱ을 취하고, ㄴ을 버림.)

ㄱ	ㄴ	ㄱ	ㄴ
심부름꾼	심부름군	귀때기	귓대기
익살꾼	익살군	볼때기	볼대기
일꾼	일군	판자때기	판잣대기
장꾼	장군	뒤꿈치	뒷굼치
장난꾼	장난군	팔꿈치	팔굼치
지게꾼	지겟군	이마빼기	이맛배기
때깔	땟갈	코빼기	콧배기
빛깔	빛갈	객쩍다	객적다
성깔	성갈	겸연쩍다	겸연적다

제55항 두 가지로 구별하여 적던 다음 말들은 한 가지로 적는다.(ㄱ을 취하고, ㄴ을 버림.)

ㄱ	ㄴ
맞추다(입을 맞춘다. 양복을 맞춘다.)	마추다
뻗치다(다리를 뻗친다. 멀리 뻗친다.)	뻐치다

제56항 '-더라, -던'과 '-든지'는 다음과 같이 적는다.

1. 지난 일을 나타내는 어미는 '-더라, -던'으로 적는다.(ㄱ을 취하고, ㄴ을 버림.)

ㄱ	ㄴ
지난겨울은 몹시 춥더라.	지난겨울은 몹시 춥드라.
깊던 물이 얕아졌다.	깊든 물이 얕아졌다.
그렇게 좋던가?	그렇게 좋든가?
그 사람 말 잘하던데!	그 사람 말 잘하든데!
얼마나 놀랐던지 몰라.	얼마나 놀랐든지 몰라.

2. 물건이나 일의 내용을 가리지 아니하는 뜻을 나타내는 조사와 어미는 '(-)든지'로 적는다.(ㄱ을 취하고, ㄴ을 버림.)

ㄱ	ㄴ
배든지 사과든지 마음대로 먹어라.	배던지 사과던지 마음대로 먹어라.
가든지 오든지 마음대로 해라.	가던지 오던지 마음대로 해라.

제57항 다음 말들은 각각 구별하여 적는다.

가름 둘로 가름
갈음 새 책상으로 갈음하였다.
거름 풀을 썩힌 거름
걸음 빠른 걸음

거치다	영월을 거쳐 왔다.
걷히다	외상값이 잘 걷힌다.

걷잡다	걷잡을 수 없는 상태
겉잡다	겉잡아서 이틀 걸릴 일

그러므로(그러니까)	그는 부지런하다.	그러므로 잘 산다.
그럼으로(써) (그렇게 하는 것으로)	그는 열심히 공부한다.	그럼으로(써) 은혜에 보답한다.

노름	노름판이 벌어졌다.
놀음(놀이)	즐거운 놀음

느리다	진도가 너무 느리다.
늘이다	고무줄을 늘인다.
늘리다	수출량을 더 늘린다.
다리다	옷을 다린다.
달이다	약을 달인다.
다치다	부주의로 손을 다쳤다.
닫히다	문이 저절로 닫혔다.
닫치다	문을 힘껏 닫쳤다.
마치다	벌써 일을 마쳤다.
맞히다	여러 문제를 더 맞혔다.
목거리	목거리가 덧났다.
목걸이	금목걸이, 은목걸이
바치다	나라를 위해 목숨을 바쳤다.
받치다	우산을 받치고 간다.
	책받침을 받친다.
받히다	쇠뿔에 받혔다.
밭치다	술을 체에 밭친다.
반드시	약속은 반드시 지켜라.
반듯이	고개를 반듯이 들어라.

부딪치다	차와 차가 마주 부딪쳤다.
부딪히다	마차가 화물차에 부딪혔다.
부치다	힘이 부치는 일이다.
	편지를 부친다.
	논밭을 부친다.
	빈대떡을 부친다.
	식목일에 부치는 글
	회의에 부치는 안건
	인쇄에 부치는 원고
	삼촌 집에 숙식을 부친다.
붙이다	우표를 붙인다.
	책상을 벽에 붙였다.
	흥정을 붙인다.
	불을 붙인다.
	감시원을 붙인다.
	조건을 붙인다.
	취미를 붙인다.
	별명을 붙인다.
시키다	일을 시킨다.
식히다	끓인 물을 식힌다.
아름	세 아름 되는 둘레
알음	전부터 알음이 있는 사이
앎	앎이 힘이다.

안치다	밥을 안친다.
앉히다	윗자리에 앉힌다.

어름	두 물건의 어름에서 일어난 현상
얼음	얼음이 얼었다.

이따가	이따가 오너라.
있다가	돈은 있다가도 없다.

저리다	다친 다리가 저린다.
절이다	김장 배추를 절인다.

조리다	생선을 조린다. 통조림, 병조림
졸이다	마음을 졸인다.

주리다	여러 날을 주렸다.
줄이다	비용을 줄인다.

하노라고	하노라고 한 것이 이 모양이다.
하느라고	공부하느라고 밤을 새웠다.

-느니보다(어미)	나를 찾아오느니보다 집에 있거라.
-는 이보다(의존 명사)	오는 이가 가는 이보다 많다.

-(으)리만큼(어미)	나를 미워하리만큼 그에게 잘못한 일이 없다.
-(으)ㄹ 이만큼(의존 명사)	찬성할 이도 반대할 이만큼이나 많을 것이다.

-(으)러(목적)	공부하러 간다.
-(으)려(의도)	서울 가려 한다.
-(으)로서(자격)	사람으로서 그럴 수는 없다.
-(으)로써(수단)	닭으로써 꿩을 대신했다.
-(으)므로(어미)	그가 나를 믿으므로 나도 그를 믿는다.
(-ㅁ, -음)으로(써)(조사)	그는 믿음으로(써) 산 보람을 느꼈다.

참고문헌

1) 김성우, 『시낭송 교실』, 재능교육, 2016.
2) 김남권, 『마음치유 시낭송』, 밥북, 2019.
3) 황봉학, 『시낭송 교본』, 도서출판 영혼의 숲, 2020.
4) 재능시낭송협회, 『시낭송 이론과 실제』, 재능교육, 2002.
5) 국혜숙, 『시를 연주하다: 시낭송의 길』, 이지출판, 2019.
6) 고훈식, 『시낭송은 언어의 탱고』, 국보, 2019.
7) 김성규 · 정승철, 『소리와 발음』, 한국방송통신대학교출판문화원, 2017.
8) 국립국어원, 『한국 맞춤법 표준어 규정 해설』, 생각쉼표 & ㈜휴먼컬처 아리랑, 2019.
9) 오규원, 『현대시작법』, 문학과지성사, 2017.
10) 이무근 외 공저, 『실기교육방법론』, 교육과학사, 2020.
11) 곽재구, 『참 맑은 물살』, 창작과 비평사, 1995.
12) 한우수, 『영혼의 시』, 두남출판사, 2006.
13) 이승헌, 『단학』, 도서출판 한문화, 1992.
14) "가을 바람에 시낭송 열풍 퍼지다", 여성조선, 2017.10.17.
15) "시와 고령화 사회", 서남일보, 2020.1.25.
16) "시낭송, 노년기 심리질환 치유 효과 우수", 천지일보, 2016.6.1.
17) "시낭송을 통한 인성교육", 투데이 신문, 2016.8.31.
18) "시 한 편 낭송하는 삶", 경남일보, 2015.9.6.
19) "시와 고령화 사회", 성남일보, 2020.1.25.
20) "낭송문학의 의의와 기능", 빛과 그림자의 노래.
21) "시낭송의 개념과 정의", 한국예술문학총연합회.
22) "시낭송의 효과", 광주시낭송협회, 다음 카페.
23) "시낭송이론과 실제", 재능.
24) 최영아, 『시가 마음을 만지다』, 쌤앤파커스, 2009.

25) 성갑숙, 다음 블로그.
26) 한국 시낭송협회, 홈페이지 자료.
27) 부산시낭송협회 http://cafe.daum.net/tnrudtnals
28) cafe.daum.net/moliter2009
29) cafe.daum.net/wspeech
30) blog.naver.com/hhamdongjin
31) blog.naver.com/2icct
32) blog.daum.net/nanudang
33) blog.daum.net/ndo615
34) blog.daum.net/gmdeo57
35) 한국직업능력개발원 민간자격정보서비스 https://www.pqi.or.kr
36) 국립어학원 https://www.korean.go.kr
37) 국립 중앙도서관 www.nl.go.kr
38) 네이버 지식in

한우수 profile

시낭송가, 한글화창작작가, 경제학박사
(사)한글창작문화진흥원 이사장
(사)한국창업경영컨설팅협회 회장
(주)세종경영컨설팅 회장
부산가톨릭대학교 겸임교수
POSCO인재창조원 교수

경영컨설턴트로 20여 년 동안 대기업, 정부기관, 중소기업 및 창업기업을 대상으로 경영컨설팅 활동을 수행해 왔다. SBS "중소기업 우리나라의 힘" 경영컨설턴트와 CTS 방송 "로뎀나무"에 출연하였으며, 국방부, 중기부, 노동부, 해군사관학교, KT, POSCO, 우리은행, 대한항공, 한양대학교, 서울예술대학교, 부산대학교, 경북대학교, 순천향대학교, 원광대학교, 충남대학교 등에서 강의하였다. 주요 저서는 〈영혼의 시〉 〈지혜와 진리의 말씀〉 〈벤처창업경영론〉 〈창업과 취업전략〉 외 다수를 출판하였다. 인생 제2막을 준비하면서 시낭송 및 한글화 창작에 열중하고 있다. 제9회 청마 유치환 전국시낭송대회 대상, 제6회 부산시단 전국시낭송대회 금상을 수상했다.

E-mail : hanwoosoo@hanmail.net

서랑화 profile

시낭송가, 시인
전국 시낭송대회 심사위원
시극 전문기획 연출가
부산시낭송협회 회장
서랑화 문화예술원장
한국솔리드캘리아트 작가회 회장

시낭송가로서 20여 년 동안 전국을 무대로 활동하고 있다. 서랑화의 시낭송 아카데미를 개설하여 시낭송가를 양성하고 있으며 전국 최초 민·관이 함께 만든 풀잎시낭송대회 개최와 전국 주요 시낭송대회 심사위원을 맡고 있다. 제11회 재능전국시낭송대회 부산 예선 최우수상, 제6회 한국시낭송협회 전국시낭송대회 금상, 전국 자치센터 동아리 박람회 시극 연출 대상, 부산 평생학습박람회 시극 연출 대상 및 교육과학기술부 장관상, 전국 평생학습제 시극 최우수상, 제1회와 제2회 대한민국 시낭송 대상, 부산시 청소년 지도자-시낭송 부분 대상, 도전 한국인상 대한민국 문화예술지도자 대상을 수상했다.

E-mail : srh403@hanmail.net

시낭송 내비게이션

초판인쇄 2020년 6월 30일
초판발행 2020년 6월 30일

지은이 한우수 · 서랑화
펴낸이 채종준
펴낸곳 한국학술정보㈜
주소 경기도 파주시 회동길 230(문발동)
전화 031) 908-3181(대표)
팩스 031) 908-3189
홈페이지 http://ebook.kstudy.com
전자우편 출판사업부 publish@kstudy.com
등록 제일산-115호(2000. 6. 19)

ISBN 978-89-268-7628-2 93810